BIBLIOTHÈQUE DE L'UNION DU SUD-EST

LA Journée Ménagère à l'École

PAR

MLLE DE CHÊNELETTE

avec la collaboration de Mme MARDUEL et de Mlle THIVEL

UNION DU SUD-EST
DES SYNDICATS AGRICOLES
LYON (2e)
1, Rue Bellecour

LIBRAIRIE CATHOLIQUE
EMMANUEL VITTE
LYON (2e) — 3, place Bellecour
PARIS (6e) — 10, rue Jean-Bart

La Journée Ménagère à l'École

AVANT-PROPOS

Encore un manuel d'enseignement ménager !... pensera-t-on ; encore un programme, encore une dépense, encore un supplément de travail !...

Non pas : ces quelques pages ne présentent rien de nouveau, rien de plus.

Leur seule ambition est de répondre au désir souvent exprimé d'avoir un programme net, précis, qui facilite le travail de maîtresses et élèves pour la préparation de la « mention ménagère » et du certificat.

Et si ces notions élémentaires de science ménagère peuvent ouvrir les jeunes esprits sur les choses de la vie pratique, leur suggérer le désir de compléter et d'approfondir l'enseignement de l'école, les inciter à réfléchir, à raisonner, la vie de famille leur sera plus attrayante, plus bienfaisante, plus agréable aussi.

D'aucuns, après avoir parcouru ces pages, penseront peut-être : « Quoi, ce n'est que cela, la science ménagère?... »

Eh oui ! ce n'est que cela ; mais c'est *tout* cela ; et, tout cela, c'est beaucoup quand il faut, en trois ou quatre semaines, l'apprendre en hâte en vue d'un examen.

Combien plus facilement assimilable et plus sûrement profitable l'aliment dosé, fragmenté, distribué régulièrement !

Ainsi en est-il de la science et de la science ménagère en particulier.

Quand, une fois par semaine, pendant l'année scolaire, l'intelligence des enfants s'y sera appliquée, l'examen n'inspirera pas d'appréhension et le succès couronnera sûrement le petit effort hebdomadaire de l'année.

PREMIÈRE LEÇON

LA SCIENCE MÉNAGÈRE.

Dictée. — Avez-vous jamais entendu dire qu'il était inutile d'apprendre à lire, à écrire et à compter? Assurément non.

Eh bien, il est encore plus important et plus intéressant de savoir pourquoi nous vivons et comment nous devons vivre. Or, si le catéchisme nous enseigne tout ce qui concerne la vie de l'âme présente et future, la science ménagère nous apprend ce qu'il faut faire pour bien tenir un ménage et conserver la santé de la famille, parce que sans la santé, pas de bien-être, pas de plaisir, pas de travail possible.

La science ménagère comprend donc deux branches : l'économie domestique et l'hygiène, qui sont des connaissances extrêmement utiles pour la femme et la jeune fille.

Questionnaire.

1° Qu'est-ce que la science ménagère? Pourquoi est-elle *a)* importante, *b)* intéressante?

2° Mots de la même famille que ménage.

3° Analysez : *inutile*, *vivons*, *bien-être*.

Rédaction. — Jeanne répond à son amie Louise qui se plaint que la maîtresse leur fait perdre une journée de classe en leur parlant de ménage, de propreté, de cuisine. Elle veut faire une « savante », et ces sujets terre à terre ne l'intéressent pas. Jeanne lui demande de réfléchir quelques minutes sur ce qu'elle fera quand elle sera mariée, maîtresse de maison, et sur l'importance de s'y préparer ; tout état exige un apprentissage.

La maison bien tenue.

Quand balais et torchons ont uni leurs efforts, quand l'air de l'extérieur, qui apporte par les croisées ouvertes le grand souffle des champs, la respiration des blés et le parfum des foins, a fait, lui aussi, en passant, son tour de valse dans la chambre, tout est clair, tout est net et tout est purifié.

Un air de grâce et de candeur s'épand sur toutes choses, et la clarté de propreté qui règne, faisant luire par exemple dans l'ombre une armoire en bois de cerisier ou bien un vieux bahut de chêne, met sur chacun de ces meubles comme un sourire satisfait. Aussi vous savez comme moi quel accueil nous fait une maison bien tenue, dans laquelle chaque matin s'exerce avec la même patience et minutieuse diligence l'art savant de la ménagère.

Jean NESMY.

La Maison.

Problèmes.

Une personne prend une femme de ménage 4 jours par semaine. Celle-ci vient à 7 heures et repart à 9 h. 45. Quelle somme faudra-t-il lui donner après 8 semaines à raison de 3 fr.50 l'heure?

Solution.

Heures de travail en 1 jour : 9 h. 45—7=2 h. 45.

Nombre d'heures de travail en 8 semaines : 2 h. 45×4×8= 88 h.

Il faudra lui donner : 3 fr. 50×88=**308 fr.**

Une ménagère veut confectionner 3 paires de draps. Elle achète de la toile à 14 fr. 50 le m. Cette toile perd au blanchissage 1/12 de sa longueur. Quelle sera la dépense si chaque drap nécessite 6 m. 25 de toile blanchie?

Solution.

Nombre de mètres achetés: $\frac{6,25 \times 12 \times 6}{11}$ = 40 m. 99, ou 41m.

Prix de la toile : 14 fr. 50×41 =**594 fr. 50.**

DEUXIÈME LEÇON

HYGIÈNE DE LA PERSONNE.

Dictée. — La propreté du corps est indispensable à la santé parce que nous ne pouvons pas vivre sans respirer ; or, la respiration se fait non seulement par les poumons, mais par tous les pores de la peau. Si ces pores sont bouchés par la poussière, la fonction de respiration et de transpiration est gênée, et on se porte moins bien.

La propreté est aussi une obligation sociale, parce que, vivant au milieu de nos semblables, nous ne devons pas être pour eux une cause de dégoût, d'éloignement, de danger même, par les maladies qu'engendre la malpropreté.

Questionnaire.

1° Comment se fait la respiration? Est-elle importante?

2° Expliquer : *obligation sociale, cause de dégoût, de danger.*

3° Conjuguer *vivre*, à l'imparfait et au passé simple de l'indicatif.

Rédaction. — Expliquez à votre jeune sœur l'usage des objets nécessaires à la toilette journalière et hebdomadaire.

La toilette des oies.

...C'est la pluie, la pluie certaine, la pluie pour tout à l'heure.

Elles attendent, elles confirment plusieurs fois ce pronostic unanime. Puis, elles se mettent en devoir de célébrer la bonne nouvelle par des gestes rituels, dont la souplesse et la fantaisie contrastent avec la gravité augurale de tout à l'heure. Leur cou, devenu d'une flexibilité merveilleuse, promène maintenant leur bec dans les plumes de leur poitrail, dans le fanon duveteux qui leur pend sous le ventre, et jusqu'aux parages les plus inaccessibles de leur derrière. Une sorte de délire grave, un mystérieux enthousiasme semble les posséder, et, comme une offrande aux nuées, elles éparpillent autour d'elles la neige soyeuse de leurs plumes. Ne faut-il pas qu'elles soient parfaitement nettes pour recevoir la visite de leur grande amie la pluie? Aussi la spatule de leur bec va-t-elle racler jusque dans les replis de leurs orteils de cuir rouge la boue qui s'y est logée. Une oie ne se croit jamais assez belle pour une pareille fête !

Louis MERCIER.

Petites Géorgiques (Calmann-Lévy, éditeurs).

Problèmes.

Le savon frais en séchant perd 2/15 de son poids. Calculez quel était le poids primitif d'une barre de savon sec de 26 kg? Combien l'a-t-on payée si le quintal de savon frais vaut 294 fr ?

Solution.

Après dessiccation, il reste : 15/15—2/15 = **13/15.**

La barre de savon pesait : $\frac{26 \text{ kg} \times 15}{13} = \mathbf{30 \text{ kg}}$.

On a payé : $\frac{294 \text{ fr} \times 30}{100} = \mathbf{88 \text{ fr } 20}$.

Une ménagère achète 21 m. de toile ayant 200 cm. de large à 22 fr. 75 le mètre. Le marchand se sert d'un mètre mesurant 98 cm. 5. Quelle longueur de drap recevra cette cliente et quelle somme a-t-elle payée en trop?

Solution

La toile mesurait en réalité : $\frac{0 \text{ m. } 985 \times 21}{1} = \mathbf{20 \text{ m. } 685}$.

Il lui manquait : 21 m.—20,685 = 0 m. 315.

Elle a payé en trop : 22 fr. 75 × 0,315 = **7 fr. 166.**

TROISIÈME LEÇON

HYGIÈNE DU VÊTEMENT.

Dictée. — Les vêtements ont un double but d'hygiène morale et physique : ils doivent couvrir notre corps par convenance, donc être suffisamment longs, larges, épais ; et le préserver de l'air extérieur, par conséquent être adaptés aux saisons : chauds en hiver, légers en été, en tenant compte du genre de travail qu'ils devront faciliter.

Avec un peu de soin, il est facile de conserver longtemps des vêtements propres et frais, surtout quand ils sont confectionnés avec des tissus de bonne qualité.

La ménagère prévoyante prépare l'hiver les vêtements nécessaires pour l'été, et n'attend pas le froid pour s'assurer que tous ceux de sa famille n'ont rien à craindre de l'hiver.

Questionnaire.

1° Expliquez les mots et expressions : *hygiène morale*, *adaptés*, *faciliter le travail.*

2° Relevez les adjectifs attributs de *vêtements.*

3° Conjuguer *couvrir* à la 3e personne du singulier et du pluriel des temps composés du mode indicatif.

Rédaction. — Denise et Suzanne reçoivent de leur marraine chacune 150 fr. pour se faire une robe. Denise préfère un tissu solide de qualité et de couleur ; Suzanne attache plus d'importance à l'élégance, à la mode.

Qu'arrivera-t-il au bout d'un an?

L'armoire normande.

Près de la huche, sous le chaume,
Où fleurit Jeanne ainsi qu'un lis,
Comme la reine du royaume
Se tient l'armoire du pays.
C'est le bijou de la famille,
Un ancêtre la cisela ;
C'est aussi la dot d'une fille
Ce vieux grand meuble que voilà.

Elle est solidement montée :
Sa serrure est en fer forgé,
Et de sa corbeille sculptée
Pas une rose n'a bougé.

En ses rosaces se marie
L'églantine aux fleurs du pommier,
Et la tourterelle apparie
Son rêve au rêve d'un ramier.

Chacune de ses quatre planches
Supporte de beaux draps de lin,
Des nappes, des chemises blanches,
Des robes, des rubans sans fin.
Et tout en haut, touchant le faîte,
Encore animé d'un frisson,
Gît le bonnet des jours de fête,
En dentelle et point d'Alençon.

Quand il faudra marier Jeanne,
Je veux qu'en plus de son trousseau,
Elle ait mes chandeliers, mon âne,
Mon armoire à double panneau.
Sa richesse serait complète
Si dans le coin du souvenir
Elle y trouvait une layette
Pour mon petit-fils à venir. Robert CAMPION.

Rimes Paysannes (Émile Mazière, éditeur, Lisieux).

Problèmes.

Pour faire un manteau j'achète 3 m. 15 de gabardine ayant 1 m. 20 de large à 46 fr. le mètre. Je veux le doubler entièrement avec une étoffe de 0 m. 80 de large à 8 fr. 20 le mètre. Quel sera le prix de mon manteau si je paie 65 fr. de façon?

Solution.

Prix de la gabardine : 46 fr $\times$ 3 m. 15 = 144 fr. 90.
Surface de l'étoffe : 3 m. 15 $\times$ 1 m. 20 = 3 m². 78.
Longueur de la doublure : 3 m² 78 : 0 m. 80 = 4 m. 725.
Prix de la doublure : 8 fr. 20 $\times$ 4 m. 725 = 38 fr. 745.
Prix total du manteau : 144 fr. 90 + 38,745 + 65 = **248 fr. 65** par excès.

Pour préserver un vêtement des mites, vous confectionnez avec du carton, une boîte de 4 dm. de long, 3 dm. de large et 5 dm. de haut et vous collez sur toutes les arêtes une bande de papier. Quelle est la surface du carton et la longueur du papier?

Solution.

Surface latérale : (0 m. 40 + 0 m. 30) $\times$ 2 $\times$ 0 m. 50 = 0 m² 70
Surface des 2 bases : 0 m. 40 $\times$ 0 m. 30 $\times$ 2 = 0 m² 24
Total = 0 m² 94

4 arêtes en hauteur et 2 fois le périmètre :
(0 m. 50 $\times$ 4) + (1 m. 40 $\times$ 2) = **4 m. 80.**

*

QUATRIÈME LEÇON

PROPRETÉ DES VÊTEMENTS.

Dictée. — La bonne ménagère veillera *que* chacun *ait* un vêtement de travail et une tenue propre, et ne fasse aucune besogne salissante avec un vêtement frais.

Les vêtements, aussitôt changés, seront brossés, visités, pour enlever tout de suite les taches *qui* auraient pu se faire et réparer les déchirures ; puis ils seront pliés ou suspendus dans l'endroit où on les conserve.

A la fin de l'hiver, il est bon de ranger les vêtements de laine, les peaux de bique et les fourrures *que* l'on cesse de porter.

Pour conserver les chaussures, il est important de les enduire d'un corps gras : d'huile ou de graisse pas salée pour les gros souliers, de cirage pour les chaussures plus fines, ce qui préserve le cuir et le maintient souple.

Questionnaire.

1° Quelles précautions faut-il prendre pour les vêtements de laine à la fin de l'hiver? Pour conserver les chaussures? Pourquoi?

2° Analysez les mots en italiques.

3° Nombre et nature des propositions de la phrase : « A la fin de l'hiver... etc. »

Rédaction. — Thérèse et Marguerite rentrent de la messe et ont leur travail à faire. Thérèse se dépêche de se déshabiller pour prendre ses vêtements de travail ; Marguerite, pour gagner du temps, dit-elle, se met à la besogne sans se déshabiller.

Qu'arrivera-t-il le lundi matin, quand toutes deux auront leur robe des dimanches à mettre en place? Comment Marguerite devra-t-elle réparer les taches et accrocs qui se seront produits le dimanche?

La bienséance des habits.

La bienséance des habits et des ornements dépend de leur matière, de leur forme et de leur propreté.

La propreté doit être constante, ne souffrir jamais sur nous ni tache, ni rien qui puisse blesser les yeux ; et cette propreté extérieure représente la pureté de l'âme.

A l'égard de la matière et de la forme des habits, la bienséance n'en peut être réglée que par rapport aux circonstances du temps, de l'âge, des qualités, des compagnies et des occasions.

Soyez propre, et qu'il n'y ait rien sur vous de déchiré et de mal arrangé. C'est mépriser ceux avec qui l'on est, que de porter des habits qui peuvent leur donner du dégoût ; mais gardez-vous bien des vanités et des afféteries, des curiosités et des modes badines ; tenez-vous aux règles de la simplicité et de la modestie, qui sont le plus grand ornement de la beauté et la meilleure excuse de la laideur.

Saint François de Sales.

Problèmes.

Combien faudra-t-il de temps à une couturière qui fait 3 m. de couture en 2 heures, pour faire le même ouvrage que fait la machine en 6 h. 20, si la machine à coudre fait à la minute 355 points de 3 millimètres chacun ?

Solution.

Nombre de minutes : (60 m. × 6) + 20 = 380 minutes.

Longueur faite par la machine en 380 minutes :

3 m/m × 355 × 380 = 404.700 m/m ou 404 m. 700.

Temps employé par la couturière pour faire ce même ouvrage :

$$\frac{2\text{ h.} \times 404\text{ m.}700}{3} = \textbf{269 h. 40 m.}$$

Une mère de famille achète pour ses enfants des chaussures, un chapeau et un vêtement. En partant, elle avait dans son porte-monnaie un billet de 50 francs, 5 billets de 10 francs. Elle rapporte 37 francs. Elle ne se rappelle pas le prix de chaque achat, mais elle sait que les chaussures coûtent 35 francs et que le vêtement coûte 4 fr. 50 de plus que le chapeau. Calculez le prix du vêtement et celui du chapeau.

Solution.

Elle avait en partant : 50 fr. + (5 fr. × 10) = 100 fr.

Prix des trois achats : 100 fr. — 37 = 63 fr.

Le vêtement et le chapeau ont coûté ensemble :

63 fr. — 35 = 28 francs.

Si le prix du chapeau avait égalé celui du vêtement, ces 2 objets auraient coûté : 28 fr. + 4,50 = 32 fr. 50.

Prix du vêtement : 32 fr. 50 : 2 = **16 fr. 25.**

Prix du chapeau : 16 fr. 25 — 4,50 = **11 fr. 75.**

CINQUIÈME LEÇON

PROPRETÉ DU LINGE, SAVONNAGE, LESSIVE.

Dictée. — S'il n'est pas nécessaire d'avoir une grande quantité de linge, il faut cependant une provision suffisante pour assurer les soins de propreté et parer aux éventualités, maladies, accidents. Mais le linge coûte cher ! Pour éviter de grosses dépenses à la fois, il faut entretenir soigneusement celui qu'on a et compléter peu à peu, chaque année, sa provision.

Le linge qui vient d'être lavé doit être visité.

On met alors à part, sans les repasser, les objets qui exigent une réparation. Les petits raccommodages (boutons à recoudre, boutonnières, etc.), sont faits le plus tôt possible. Le reste est réservé pour les jours où on peut disposer de plus de temps.

Questionnaire.

1° D'après le texte, indiquer les qualités dont fait preuve la ménagère qui s'occupe ainsi de son linge. Citez les expressions qui l'indiquent.

2° Comment est formé le mot *renouveler*. Conjuguez ce verbe aux trois personnes du pluriel de l'imparfait et du futur simple.

3° Fonction des mots : *éventualités*, *réparation*.

Rédaction. — Une maman explique à sa fille comment on fait un savonnage : trier d'abord le linge blanc et le linge de couleur ; faire tremper le linge taché de sang, de transpiration, etc., à l'eau froide savonneuse pendant quelques heures ; puis laver à l'eau chaude, rincer à l'eau froide.

Pourquoi le linge de couleur doit-il être lavé séparément ?

Les laveuses.

Près de l'arche du pont, non loin des abattoirs,
Clapote tout le jour le fracas des battoirs.
Des femmes à l'abri sous un auvent de planches,
Dans les eaux de savon déjà grasses et blanches,
Essorent en causant tout le linge mouillé.
Nul bras n'est engourdi. Nul gosier n'est rouillé.
La laveuse, de la finaude à l'ingénue,
Ajoute aux racontars et supposé, insinue...

La main rougeaude claque au rebord du lavoir.
Toutes ont dit, ont vu, chacune a cru savoir...
Et l'on entend taper, pareils au flot qui tangue,
Les forts coups de battoirs et les fins coups de langue.

A.-P. GARNIER.

Garnier, éditeur.

Problèmes.

Combien pourrait-on placer de cubes de savon de 1 décimètre de côté dans un coffre de 80 centimètres de long, 70 de large et 40 de haut.

Solution.

Dans le sens de la longueur on peut placer une première rangée de : 0 m. 80 : 0,1=8 cubes.

Dans le sens de la largeur, on répétera cette rangée 0 m. 70 : 0,1=7 fois ce qui donnera une première couche de 8 c.×7=56 cubes.

Cette rangée peut se répéter 0,40 : 0,1=4 fois ce qui donnera 56 c.×4=**224 savons.**

Une mère de famille achète chez l'épicier 12 kilogrammes de sucre à 2 fr. 20 le ½ kilogramme, ¼ de café à 26 francs le kg., 21 l. 5 d'huile à 7 fr. 50 le litre, 1 kg. ½ de chocolat à 1 fr. 80 les 125 grammes, 1 litre de présure à 3 fr. 60, un pain de savon de 5 kilos à 2 fr. 10 les 500 grammes, 2 paquets de saponite à 3 fr. 60 le paquet. Etablissez la facture, l'épicier fait une remise de 6 %.

Solution.

12 kilogrammes de sucre à 2 fr. 20 le ½ kilogramme	52	80
125 grammes de café à 26 francs le kilogramme..	3	25
21 l. 5 d'huile à 7 fr. 50 le litre................	161	25
1 kg. ½ de chocolat à 1 fr. 80 les 125 grammes..	21	60
1 litre de présure à 3 fr. 50....................	3	50
1 pain de savon de 5 kg. à 2 fr. 10 les 500 grammes	21	»
2 paquets de saponite à 3 fr. 60 le paquet.......	7	20
Total...........	270	60
Remise $\frac{6 \text{ fr.} \times 270,60}{100}$ =16,236	16	25
Montant de la facture........................	**254**	**35**

SIXIÈME LEÇON

CHAMBRE A COUCHER, MEUBLES ET BALAYAGE.

Dictée. — C'est une coupable nonchalance que de ne pas balayer une chambre tous les jours, sous prétexte que, dès le lendemain, la poussière se sera de nouveau déposée sur les objets.

Si l'on néglige ces soins de propreté un seul jour, la poussière s'accumulera, et l'on pourra bientôt écrire lisiblement sur la table avec le doigt : Dans cette maison habite une petite fille malpropre !

Il ne faut pas s'en tenir aux choses qui se voient. Il faut nettoyer sous les meubles. Les nids de poussière amoncelée dans les coins sont un danger permanent. Combien de maladies terribles ont leur origine dans le petit amas de poussière, d'apparence inoffensif, où dorment les bacilles de la tuberculose !

Imitons la propreté hollandaise : que les cuivres étincellent ; que chaque ferrure accroche un rayon de lumière, et que les panneaux des meubles soient autant de miroirs.

Questionnaire.

1° Que signifie l'expression : *chaque ferrure accroche un rayon de lumière?* Expliquer : *permanent, inoffensif ;* donnez leurs contraires.

2° Qu'est-ce que les bacilles? Citez-en.

3° Conjuguez *écrire* à la 2e personne du plusiel de l'impératif et de l'imparfait du subjonctif, à la forme négative.

Rédaction. — Hélène demande à son amie Marthe comment il faut s'y prendre pour faire son lit, parce que sa maman lui a reproché de le laisser en désordre.

Une chambre de jeune fille.

La pièce était la plus vaste et la plus claire de l'appartement. On y voyait un lit de noyer avec des rideaux de coton blanc, aux plis toujours nets, ornés d'une frange à pompons, un miroir doré, une armoire à glace en bois de palissandre, et un guéridon également en bois de palissandre, qui servait de table de milieu. Dans un angle, sur une console de bois découpé, au fond, une statuette de la Vierge était posée, entourée d'un chapelet à gros grains. Elle avait le visage d'une douceur pénétrante. Elle bénissait en levant trois doigts, en souvenir du Père, du Fils et de l'Esprit.

Oui, la chambre faisait plaisir à voir. Et ce qui la rendait délicieuse, c'était l'âme de jeune fille qui l'animait encore, même après le départ d'Henriette. L'arrangement des choses révélait un goût personnel. Quelquefois dans la journée, le vieil Eloi, triste déjà de plusieurs heures de solitude, se levait de sa chaise, ouvrait la porte, contemplait cette chapelle d'amour, et s'en allait se promener par la ville, emportant le souvenir et l'orgueil rajeuni de son enfant.

René BAZIN.

De toute son âme (Calmann-Lévy, éditeurs).

Problèmes.

Pour tapisser une chambre, une ménagère achète des rouleaux de papier de 0 m. 80 de large sur 10 mètres de long. Combien lui faudra-t-il de rouleaux ,si la chambre mesure 4 m. 50 de long, 3 m. 50 de large et 3 mètres de haut ?

Solution.

Surface des murs : (4 m.50+3 m. 50)×2×3=48 m².

Surface d'un rouleau : 0 m. 80×10=8 m².

Il faudra : $\frac{1 \times 48}{8}$ = **6 rouleaux.**

Une jeune fille borde un tapis rectangulaire avec des franges à 3 fr. 25 le mètre. La dépense a été de 21 fr. 45. Quelle est la surface de ce tapis, si la largeur est les 2/3 de la longueur ?

Solution.

Longueur de la frange, ou périmètre du tapis :

21 fr. 45 : 3,25=6 m. 60.

Demi-périmètre : 6 m. 60 : 2=3 m. 30.

Longueur du tapis : $\frac{3 \text{ m. } 30 \times 3}{5}$ = 1 m. 98.

Largeur du tapis : $\frac{3 \text{ m. } 30 \times 2}{5}$ = 1 m. 32.

Surface du tapis : 1 m. 98×1,32=**2 m², 6136.**

SEPTIÈME LEÇON

CHAUFFAGE ET ÉCLAIRAGE

Dictée. — Le feu de bois dans la cheminée est assurément le chauffage le plus sain et le plus agréable ; mais il est coûteux et souvent insuffisant l'hiver.

Il faut donc recourir aux poêles à charbon que l'on trouve maintenant dans toutes les maisons. Ces poêles chauffent rapidement mais se refroidissent de même et dessèchent l'atmosphère. Pour corriger cet inconvénient, il est bon de laisser sur le poêle un vase plein d'eau : la vapeur de cette eau rend l'air moins sec. Il faut aussi éviter de chauffer le poêle *au rouge* parce qu'il dégage alors de l'oxyde de carbone qui est très dangereux.

Il ne faut jamais arroser de pétrole le bois ou le charbon pour allumer le feu : cela peut occasionner des accidents graves.

Questionnaire.

1° Quelle est l'utilité d'un vase plein d'eau sur le poêle? Comment cette eau devient-elle vapeur? Quand se produit l'oxyde de carbone?

2° Mots de la famille de *chauffage?*

3° Indiquez les compléments de *trouve.*

Rédaction. — Odile veut aider sa maman, afin qu'elle trouve le fourneau tout allumé quand elle reviendra du marché, et la lampe à pétrole nettoyée et remplie, prête pour la longue veillée d'hiver. Comment va-t-elle s'y prendre?

La Lampe.

La lampe est là. La lampe a redonné des corps
Aux êtres que la nuit tenait en sa puissance
Et que l'ombre tenait captifs comme des morts.

Et les nôtres, rendus à la claire existence,
Dans le cercle amical que la lampe décrit,
Se rassemblent joyeux comme après une absence.

La maison n'a plus peur, et le foyer sourit
En retrouvant tous ceux qu'il défend et qu'il aime
Tels qu'ils étaient avant que le soir les surprit.

Il ne manque personne et tous sont bien les mêmes ;
Les petits ont leurs yeux frais comme l'eau ; les grands,
Le visage et les mains graves de ceux qui sèment.

Il règne dans la chambre un bonheur rassurant,
Et c'est l'heure paisible où l'amour de la mère
Rayonne avec douceur de son front transparent...

La lampe du foyer que ses mains allumèrent
Semble avoir retenu dans sa lumière un peu
De l'âme vigilante et sainte de la mère.

Elles ont des destins pareils, car toutes deux,
Afin de protéger des êtres chers et frêles
Des ténébreux hasards qui rôdent autour d'eux,

Donnent jusqu'à la mort leur vie humble et fidèle.

Louis MERCIER.

Poème de la Maison (Calmann-Lévy, éditeurs).

Problèmes.

Pour le chauffage d'une ferme, il faut 95 quintaux de bois par an. Le fermier aurait-il avantage ou perte à vendre son bois à 15 francs les 100 kilogrammes et à acheter 4.350 kilos. de charbon au prix de 280 francs la tonne? A combien s'éleveverait le bénéfice ou la perte?

Solution.

Prix du bois : 15 fr.×95=1.425 francs.

Prix du charbon : $\frac{280 \text{ fr.} \times 4.350}{1.000} = 1.218$ francs.

Bénéfice en vendant son bois pour acheter du charbon :
1.425—1.218=**207 francs.**

J'achète un tas de bois long de 3 m. 75, large de 1 m. 05 et haut de 1 m. 50 à raison de 37 fr. 50 le mètre. Quelle somme dois-je payer, on me fait un rabais de 5 %?

Solution.

Volume du tas: $1 \text{ m}^3 \times 3{,}75 \times 1{,}05 \times 1{,}50 = 5 \text{ m}^3 90625$, où 5 st. 90625.

Prix du bois : 37 fr. 50×5,90625=221 fr. 484375.

Remise : $\frac{5 \text{ fr.} \times 221{,}484375}{100} = 11$ fr. 075.

Je paie seulement : 221 fr. 4851—11 fr. 075=**210 fr. 41.**

HUITIÈME LEÇON

LA CUISINE, MEUBLES. BALAYAGE, ENTRETIEN DES USTENSILES.

Dictée. — Une cuisine, pour être bien tenue, doit être lavée, toutes les semaines, parce que c'est la pièce où l'on passe le plus, entrant souvent, du dehors avec des sabots sales.

Ces lavages n'ont, d'ailleurs aucun inconvénient, quelle que soit la saison, puisque le feu, entretenu presque continuellement, sèche vite l'appartement.

Dans les cuisines bétonnées ou à vieux carrelages, on peut de temps en temps, après une lessive, se servir du *lissieu* réchauffé pour faire un nettoyage plus complet.

Ce même lissieu est également employé avec une brosse pour laver les bancs, tables, chaises, noircis par le temps et l'usage.

Questionnaire.

1° Qu'est-ce que le *lissieu?* A quoi sert-il?
2° Analysez : *lavée*, *continuellement*, *noircis*, *quelle que soit.*
3° Citez un dérivé et un composé de *sèche*.

Rédaction. — Le repas est terminé. Comment vous y prendrez-vous pour faire la vaisselle et nettoyer une casserole de fer battu et une poêle?

Pourquoi commencer par les verres et les tasses?

La vaisselle.

Toute chaude à l'issue du dernier rinçage, la vaisselle passe sous la caresse — un peu vigoureuse — des torchons.

Ne cassons rien ! On peut être soigneuse, tout en allant vite, si on sait fixer son attention sur l'humble besogne.

L'argenterie rustique — mais ancienne et solide malgré qu'elle soit légère à la main — a retrouvé son pâle éclat discret, et j'ai tant frotté les couteaux avec un bouchon, mouillé au préalable et passé sur la pierre friable achetée chez le quincaillier, qu'il n'y reste, ni tache de fruit, ni tache de graisse, ni tache de rouille.

Plus rien qui macule les verres, pas même une buée légère. Ils reprennent leur place sur le dressoir, rangée de diamants

énormes : sur leurs faces taillées se multiplient les flammes de la lampe et du foyer. L'ordre et la propreté sont rétablis.

Marc DUBRUEL, *S. J.*

Les Heures rurales (Apostolat de la Prière).

Problèmes.

Combien faut-il de carreaux de 0 m. 15 de côté pour carreler une salle qui mesure 4 m. 50 de long et 3 m. 20 de large. Les carreaux coûtent 25 francs le cent. Calculer la dépense sachant que la pose coûte 1 fr. 70 le mètre carré.

Solution.

Surface du plancher : 1 $m^2 \times 4{,}50 \times 3{,}20 = 14$ m^2 40.
Surface d'un carreau : 1 $m^2 \times 0{,}15 \times 0{,}15 = 0$ $m^2{,}0225$.
Nombre de carreaux : $1 \times 14{,}40 : 0{,}0225 =$ **640 carreaux.**

Prix des carreaux : $\dfrac{25 \text{ fr.} \times 640}{100} = 160$ francs.

Prix de la pose : 1 fr. $70 \times 14{,}40 = 24$ fr. 48.
Prix total : 160 fr. $+ 24{,}48 =$ **184 fr. 48.**

Une lampe à pétrole consomme 0l.07 par heure. Cette lampe est allumée 3 h. ½ par jour. Quel sera le prix de l'éclairage pendant les trois premiers mois de l'année commune sachant que le pétrole coûte 2 fr. 90 le litre?

Solution.

Nombre de jours : 31 j. $+ 28 + 31 = 90$ jours.
Nombre d'heures : 3 h. $\frac{1}{2} \times 90 = 315$ heures.
Consommation : 0 l. $07 \times 315 = 22$ l. 05.
Dépense : 2 fr. $90 \times 22{,}05 =$ **63 fr. 945.**

NEUVIÈME LEÇON

HYGIÈNE DE L'ALIMENTATION, NOTIONS GÉNÉRALES.

Dictée. — La première condition d'une bonne santé, c'est une bonne alimentation.

Les repas doivent être préparés avec des aliments sains, adaptés à l'âge, au climat et au genre de vie. La propreté, l'exactitude et la régularité sont des conditions essentielles, tant au point de vue de la santé qu'au point de vue du travail.

Le but de l'alimentation est de réparer l'usure de notre corps et d'entretenir la chaleur nécessaire aux mouvements ; d'où deux sortes d'aliments : réparateurs ou azotés (viande, poisson, œuf, fromage, céréales) ; et combustibles ou respiratoires (substances grasses, sucrées, féculentes).

Mais pour que ces aliments aient toutes leurs propriétés nourrissantes, il faut qu'ils soient de qualité et de fraîcheur parfaites ; d'où l'avantage de l'alimentation de la campagne sur celle de la ville.

Questionnaire.

1° Quel est le rôle des aliments azotés? Que contiennent-ils?
2° Indiquez deux mots de la famille de *respiratoire.*
3° Analyse logique de la phrase : *il faut qu'ils soient de qualité et de fraîcheur parfaites.*

Rédaction. — Odette a été interrogée au certificat d'études sur les aliments complets et n'a pas su répondre. Elle demande à son amie Jeanne ce qu'il aurait fallu dire.

Qu'est-ce que les aliments complets? Quels sont les principaux? Ont-ils tous la même valeur?

Le repas préparé.

Ma fille, lève-toi ; dépose là ta laine.
Le maître va rentrer ; sur la table de chêne,
Que recouvre la nappe aux plis étincelants,
Mets la faïence claire et les verres brillants.
Dans la coupe arrondie à l'anse au col de cygne
Pose les fruits choisis sur des feuilles de vigne :
Les pêches qu'un velours fragile couvre encor,
Et les lourds raisins bleus mêlés aux raisins d'or.

Que le pain bien coupé remplisse les corbeilles ;
Et puis ferme la porte, et chasse les abeilles.
Dehors, le soleil brûle et la muraille cuit ;
Rapprochons les volets ; faisons presque la nuit,
Afin qu'ainsi la salle, aux ténèbres plongée,
S'embaume toute aux fruits dont la table est chargée.
Maintenant va chercher l'eau fraîche dans la cour
Et veille que surtout la cruche, à ton retour,
Garde longtemps, glacée et lentement fondue,
Une vapeur légère à ses flancs suspendue.

Albert SAMAIN.

Mercure de France, éd.

Problèmes.

Une ménagère consacre le 1/7 du revenu annuel de la famille au loyer de sa maison, les 2/3 aux frais de nourriture et d'habillement, 1.200 francs aux menus frais et il reste 2.800 francs d'économie à la fin de l'année. Quel est son revenu annuel.

Solution.

Il lui resterait : 1.200 fr. + 2800 fr. = 4.000 francs.
Elle a dépensé : 1/7+2/3=17/21.
Il lui reste : 21/21—17/21=4/21.

Revenu annuel : $\frac{4.000 \text{ fr.} \times 21}{4}$ = **21.000 francs.**

Une mère de famille achète en moyenne 8 kilogrammes de pain par semaine, 12 kilogrammes de viande par mois et 1 l. ½ de vin par jour. Le pain vaut 2 francs le kilogramme, la viande 15 fr. 50 et le vin 3 francs le litre. Quelle est la dépense annuelle ?

Solution.

Dépense annuelle en pain : 2 fr.×8×52=832 francs.
Dépense annuelle en viande : 15 fr. 50×12×12=2.232 francs
Dépense annuelle en vin : 3 fr.×1,5×365=1.642 fr. 50.
Dépense totale : 832 fr.+2.232 fr.+1.624 fr. 50=**4.706 fr. 50.**

DIXIÈME LEÇON

LA SOUPE.

Dictée. — Le fond de l'alimentation dans nos campagnes est la soupe.

Le plus souvent, on la fait avec des légumes, des pâtes, des farines ou des céréales que l'on fait cuire dans de l'eau salée ; et on y ajoute, suivant les cas, du beurre, du lait, du pain ; on peut y ajouter aussi de la viande que l'on sert à part ; le bouillon donne alors une soupe grasse.

Pour toutes les soupes de légumes, la méthode est la même : les légumes sont mis à l'eau chaude et cuisent sur un feu doux pendant une heure *au moins*. Les légumes secs (haricots, pois, lentilles) sont mis à l'eau tiède après avoir trempé. Pour être bonne et nourrissante, la soupe doit être *très cuite* et *assez épaisse*.

On distingue deux espèces de soupes : la soupe *grasse* (bouillon de bœuf, de veau, de volaille, de lard) ; et la soupe maigre (toutes les soupes de légumes frais ou secs, soupe de pain cuit, soupes de pâtes, soupes de farine ou bouillies).

Questionnaire.

1° Expliquez les expressions : *fond de l'alimentation*, et *mis à l'eau chaude*.

2° Fonction des mots : *beurre*, *feu doux*, *nourrissante*.

3° Justifiez l'orthographe de *trempé ;* conjuguez ce verbe à la 3e personne du singulier de tous les temps du mode subjonctif.

Rédaction. — Votre maman est malade, et vous charge de faire la soupe pour le dîner (poireaux et pommes de terre), et une bouillie pour votre petit frère qui a dix-huit mois. Comment vous y prendrez-vous ?

Une famille d'ouvriers en ville.

Sept heures chez les Mouche : dans un coin obscur de la chambre, le père, tout sommeillant et encore à demi enivré de l'ivresse qu'il a prise la veille, vêt son mauvais pantalon et son paletot d'usine. C'est un jour de semaine... La mère, déjà levée, silencieuse et triste, allume le fourneau. La lumière de la veilleuse, qu'on met près du lit de Minique, tremble sur son lac épuisé au fond d'une vieille tour de porcelaine et son balancement promène sans fatigue un rond clair au plafond. La nichée des petits, Laurent, Lucienne et Joseph, dort sous la même couverture comme une portée de souris dans un trou.

Le mugissement d'une sirène de son long cri d'angoisse a percé le brouillard : c'est l'usine Le Merchadour qui appelle ses ouvriers. Le père dans la crainte d'être en retard casse avant de partir une croûte au galop ; il y a encore de la rue du Petit-Denier à l'usine un bon bout de chemin, et ce matin le pavé est couvert de verglas. Victor pique l'un après l'autre les morceaux d'un quignon de pain sec au bout de son couteau et les avale en hâte.

« Attends donc, dit la mère : il y a un peu de bouillon d'hier soir qui chauffe sur la lampe ; ça va être prêt ; ça te fera du chaud sur l'estomac.

— J'ai plus le temps, dit l'homme durement en mettant sa casquette. A tantôt. » Jean NESMY.

La Lumière de la Maison (Grasset, éditeur).

Problèmes.

J'achète un morceau de viande à 7 fr. 40 le $\frac{1}{2}$ kilogramme, et le boucher me demande 16 fr. 25. J'ai constaté qu'il y avait dans le plateau de la balance les poids de 1 kilogramme, $\frac{1}{2}$ kilo, et 2 décagrammes. Combien ai-je donné en moins ?

Solution.

Poids du morceau de viande : 1 kg. + $\frac{1}{2}$ kg. + 2 dag. = 1 kg.520 ou 1.520 grammes.

Sa valeur est de : $\frac{7 \text{ fr. } 40 \times 1.520}{500} = 22$ fr. 496.

J'ai donc donné en moins : 22 fr. 496 — 16,25 = **6 fr. 246.**

Calcul mental.

Que coûtent 250 grammes de sucre à 4 fr. 80 le kilogramme et 625 grammes de viande à 4 francs le $\frac{1}{2}$ kilogramme.

Solution.

Prix du sucre { 500 grammes coûtent la moitié de 4 fr. 80 soit 2 fr. 40, 250 grammes la moitié de 2 fr. 40 soit 1 fr. 20.

Prix de la viande { 625 gr. = 500 gr. + 125. Or 125 grammes sont le $\frac{1}{4}$ de 500 grammes. La viande coûte donc 4 fr. + $\frac{1}{4}$ de 4 francs ou 1 franc soit 5 francs.

Prix total : 1 fr.20 + 5 = **6 fr. 20.**

ONZIÈME LEÇON

POMMES DE TERRE ET PATES.

Dictée. — Comment pourrait-on se passer de pommes de terre ? Ne sont-elles pas la base de l'alimentation à la campagne pour les enfants, comme pour les adultes et les vieillards ? Il y a tant de manières de les utiliser. *Voyons* d'abord comment les éplucher.

Il faut commencer par *les* laver ; puis ne pas oublier que la plus grande partie de la fécule se trouve près de la pelure ; pour cette raison, enlever le moins de chair possible en les pelant. Arracher *minutieusement* tous les yeux avec la pointe du couteau. Il ne faut les préparer qu'au moment de s'en servir, car, privées de leur pelure, *elles* noircissent et prennent mauvais goût ; et gardées dans l'eau, elles fermentent et perdent leur fécule, qui est la partie nourrissante de la pomme de terre.

Questionnaire.

1° Quelle est la partie nourrissante de la pomme de terre ? Que fait une bonne ménagère pour la conserver ?
2° Homonymes de *chair*.
3° Analysez les mots en italiques.

Rédaction. — Que pensez-vous des pâtes alimentaires ? Comment les utiliser (en garniture autour de la viande, sautées au fromage, ou à l'anglaise). Pourquoi sont-elles particulièrement recommandées aux enfants et aux vieillards ?

L'art d'éplucher les pommes de terre.

« Ecoute un bon conseil, mon Jules, disait ma mère : si tu distingues une jeune fille dont tu veuilles faire ta femme, arrange-toi de façon à la voir éplucher les pommes de terre. »

Ne prenant pas garde à mon geste de surprise, elle continua : « Si elle fait de grosses pelures, c'est qu'elle est dépensière ; si elle laisse les nœuds, c'est qu'elle est paresseuse ; si elle ne les lave que dans une eau, c'est qu'elle est sale ; si elle met beaucoup de graisse pour les cuire, c'est qu'elle est gourmande, et si elle les laisse brûler, c'est qu'elle est sans soin.

« De celle-là, éloigne-toi, mon enfant, elle ne saurait rendre un homme heureux ; cherches-en une qui sache prendre une pomme de terre, l'éplucher, la laver et la faire cuire comme cela doit se faire. »

(La Maison.)

Problèmes.

Pour confectionner un gâteau, on emploie 6 œufs à 5 francs la douzaine, 210 grammes de sucre à 4 fr. 40 le kilogramme, 130 grammes de farine à 1 fr. 40 le ½ kilogramme, 60 grammes de beurre à 19 francs le kilogramme. A combien revient le gâteau ?

Solution.

Prix des œufs : $\frac{5}{2}$ = 2 fr. 50.

Prix du sucre : $\frac{4 \text{ fr. } 40 \times 210}{1.000}$ = 0 fr. 924.

Prix de la farine : $\frac{1 \text{ fr. } 40 \times 130}{500}$ = 0 fr. 364.

Prix du beurre : $\frac{19 \text{ fr.} \times 60}{1.000}$ = 1 fr. 140.

Prix total du gâteau : **4 fr. 928.**

La densité du lait est 1,03. Une laitière qui a vendu 64 litres de lait pesant 65 kg. 8, a-t-elle mis de l'eau dans le lait, et quelle quantité ?

Solution.

Poids de 64 litres de lait : 1 kg. 03×64=65 kg. 92.
Différence totale : 65 kg. 92—65,8=0 kg. 12.
Différence par litre : 1 kg. 03—1=0 kg. 03.

Quantité d'eau mise dans le lait : $\frac{1 \times 0{,}12}{0{,}03}$ = **4 litres d'eau.**

***

DOUZIÈME LEÇON

LES ŒUFS.

Dictée. — L'œuf est un aliment complet, puisqu'il contient de l'azote sous forme d'albumine (le blanc), une matière grasse combustible dans le jaune et des sels minéraux. Un œuf frais équivaut à un 1/2 litre de lait, 100 grammes de viande de boucherie ou de poisson, 100 grammes de légumes farineux secs, ou 50 grammes de fromage. Par conséquent, l'œuf peut remplacer la viande. De plus, il entre dans la préparation de la plupart des pâtisseries et crèmes.

Pour qu'un œuf ait toutes ses qualités nutritives, il faut qu'il soit très frais : un œuf altéré est malsain. On peut reconnaitre la fraicheur des œufs : 1° en les mirant à la lumière d'une lampe ; 2° en les mettant dans un verre d'eau salée : un œuf frais tombe au fond ; s'il n'est pas frais, il flotte ; 3° en le secouant légèrement un œuf qui ballotte dans la coquille est vieux.

Questionnaire.

1° Pourquoi l'œuf est-il un aliment complet ? A quel âge peut-on le donner au bébé ? Quand a-t-il toutes ses qualités nutritives ? Peut-on conserver les œufs ?

2° Trouvez le contraire de *opaque*, et deux synonymes de *altéré*.

3° Analyse logique de la phrase : *Pour qu'un œuf ait ses qualités...* jusqu'à *malsain*.

Rédaction. — Au retour du marché, la maman, contente de sa fille lui remet quatre œufs frais. Comment va-t-elle les utiliser ?

L'heure de la basse-courière.

Comment ne pas monter jusqu'à vous, ô Dieu, auteur de la vie que je vois éclore sous les ailes de mes poules couveuses ?

Quelles merveilles a réalisées votre toute-puissance dans ce miracle qui ne nous émeut plus, tant il est banal sous nos yeux, qu'est la multiplication de la vie ! Maître souverain de toutes choses, nous ne songeons pas à vous louer et à vous remercier... Et pourtant quel ouvrier a fait quelque chose de comparable à ce qui se passe sous les yeux de la basse-courière ?

Un jour, en une réunion publique, un conférencier athée disait : « Nous n'avons plus besoin de Dieu... sans lui nous faisons dans les airs notre ascension sur les ailes de nos avions ! » Un avocat chrétien lui cloua le bec en lui objectant : « Cher monsieur, je consentirai à me passer de Dieu, quand vous m'aurez apporté un œuf d'aéroplane ! » Marc DUBRUEL.

Heures rurales (Apostolat de la Prière).

Problèmes.

Avec 15 poules une fermière a obtenu 2.460 œufs par an. La nourriture des poules lui revient à 0 fr. 20 par jour et par tête. Après la vente, le bénéfice net est de 750 francs. Combien a-t-elle vendu la douzaine d'œufs.

Solution.

Dépense annuelle : 0 fr. $20 \times 15 \times 365 = 1.095$ francs.
Prix de vente des œufs : 1.095 fr. + 750 fr. = 1.845 francs.
Nombre de douzaines d'œufs : 2.460 : 12 = 205 douzaines.
Prix de vente de la douzaine : 1.845 fr. : 205 = **9 francs.**

Votre mère a mis dans une année, 5 couvées de chacune 12 œufs qu'elle aurait pu vendre 8 fr. 50 la douzaine. La proportion des poussins obtenus étant de 80 %, dire le bénéfice de l'opération si les poulets sont vendus 29 fr. 50 la paire. Les frais de nourriture se sont élevés à 110 fr. 40.

Solution.

Nombre d'œufs : 12 œufs × 5 = 60 œufs.
Prix des œufs qu'elle aurait pu vendre :

$$\frac{8 \text{ fr. } 50 \times 60}{12} = 42 \text{ fr. } 50.$$

Poussins obtenus : $\frac{60 \times 80}{100} = 48$ poussins.

Montant de la vente des poulets: $\frac{29 \text{ fr. } 50 \times 48}{2} = 708$ francs.

Bénéfice : 708 fr. — (42,50 + 110,40) = **555 fr. 10.**

TREIZIÈME LEÇON

LA VIANDE

Dictée. — La viande, surtout la viande de boucherie, est le principal aliment réparateur ou azoté ; elle est très utile, mais non indispensable, surtout à la campagne, où l'on peut la remplacer par des produits équivalents de premier choix. L'abus de la viande prédispose aux congestions, aux rhumatismes, à la goutte, aux maladies de foie.

Les céréales (froment, avoine, riz), le fromage, le poisson, les œufs, les légumes secs (pois, lentilles, haricots), peuvent remplacer la viande.

La viande se prépare de différentes manières : cuite à l'eau (pot-au-feu) ; rôtie au four ; en ragoût ou en daube (cuisson à casserole couverte) ; ou encore grillée à feu clair ou à la poêle pour les tranches minces.

Questionnaire.

1° Comment l'abus de la viande peut-il être nuisible? Pourquoi? Quels sont les aliments fournis par les céréales?

2° Trouver les compléments de *remplacer*. Homonymes de *foie*.

3° Analysez : *azoté*, *premier choix*, *prédisposer*.

Rédaction. — Une automobile passant sur la route, vous tue une poule. Comment l'utiliserez-vous pour faire un pot-au-feu? Démontrez l'avantage de ce procédé de cuisson qui fournit tout le repas : soupe, viande, légumes ; et si la volaille n'est pas suffisante, on rend le plat plus copieux en la servant sur du riz. Expliquez comment il faut le faire cuire.

La préparation du repas.

Quelle douce paix que celle qui règne dans une vaste cuisine de ferme, où grandes marmites et petites coquelles s'entretiennent à demi-voix, ronronnent et mijotent devant la flamme qui les lèche et fait tressaillir le mystère enchanté qu'elles cachent dans leurs flancs ! Un petit grillon, âme parlante du foyer, tout à l'heure peut-être y mêlera sa voix. En tous cas, tout le reste de la matinée, en remuant le fricot avec une fourchette quand il se plaint trop fort de subir son supplice de saint Laurent torturé sur le gril, en mettant son couvert et répandant la clarté des assiettes sur la longue table massive où maîtres et valets, grands et petits, toute la ferme réunie va tout à l'heure venir, d'après son rang, prendre sa place, en remplissant la salière de sel ou en goûtant ses sauces, en cassant ses œufs qui font, sur le plat, à la moindre chaleur, comme un énorme halo blanc, ou en coupant menu ses brins de ciboulette, en taillant de la soupe à même le chanteau, en dépouillant un oignon tunique par tunique, ou en battant sa crème d'une main vigoureuse, qui prend plaisir à tout ce qu'elle fait ; soyez assurés qu'un petit grillon chantera au cœur de la fermière.

La Maison. Jean NESMY.

Problèmes.

Une ménagère doit servir le rôti à 12 h. 25. A quelle heure devra-t-elle mettre cuire un morceau de veau de 2 kg. 750 sachant qu'il faut ½ heure de cuisson par livre et ¼ d'heure en plus.

Solution.

Durée de la cuisson : $\frac{30 \text{ m.} \times 2.750}{500} = 165 \text{ m.} + 15 = 180 \text{ m.}$ ou 3 heures.

Il faut mettre cuire à : 12 h. 25—3=**9 h. 25.**

J'ai payé au boucher 49 fr. 95 pour 4 kg. 500 de viande. Les os étant enlevés, le poids de la viande ne représente plus que les 3/5 de son poids primitif. On demande 1° le prix du kilogramme de viande avec os ; 2° à combien revient le kilogramme de viande désossée ?

Solution.

Prix du kilogramme de viande avec os :
49 fr. 45 : 4.500=**11 fr. 10.**

Poids de viande désossée : $\frac{4 \text{ kg. } 5 \times 3}{5} = 2$ kg. 700.

Prix du kilogramme de viande désossée :
49 fr. 45 : 2,7=**18 fr. 50.**

QUATORZIÈME LEÇON

LES BOISSONS, EAU ET BOISSONS AROMATIQUES.

Dictée. — La base de toutes les boissons, c'est l'eau ; l'eau nous est absolument nécessaire.

L'eau fraiche est une boisson très saine et agréable ; mais il faut qu'elle soit très pure.

Toute eau n'est pas bonne à boire ; il en est *qui* donnent des maladies sérieuses, épidémiques, comme la fièvre typhoïde. *Certaines* sources sont empoisonnées par les terrains qu'elles traversent, ou par la proximité des fosses d'aisance ou des fosses à purin ; d'autres (les puits surtout), par les matières qu'on *y jette :* animaux crevés, substances décomposées, etc. Toutes ces eaux sont dangereuses.

Lorsqu'on craint que l'eau soit contaminée ou trop calcaire, il est prudent de la faire bouillir pendant une demi-heure dans un vase très propre.

Questionnaire.

1° Comment appelle-t-on une eau bonne à boire ? Quelles sont ses qualités ? Nommez des maladies épidémiques.

2° Analysez grammaticalement les mots en italiques.

Conjuguer *jeter* à la 1re personne du singulier et du pluriel des temps simples du mode indicatif.

Rédaction. — Votre maman a pris froid et tousse ; on lui ordonne des infusions de violette, alternant avec une tisane de queues de cerises. Comment allez-vous préparer l'une et l'autre ? (infusion, décoction). Pourquoi cette différence de procédé ?

La Source.

Tout près du lac filtre une source
Entre deux pierres dans un coin ;
Allègrement, l'eau prend sa course
Comme pour s'en aller bien loin.

Elle murmure : « Oh, quelle joie !
Sous la terre, il faisait si noir !
Maintenant ma rive verdoie,
Le ciel se mire à mon miroir.

« Les myosotis à fleurs bleues
Me disent « Ne m'oubliez pas » ;
Les libellules de leurs queues
M'égratignent dans leurs ébats.

SEIZIÈME LEÇON

HYGIÈNE DE L'ENFANT.

Dictée. — Le nouveau-né peut être alimenté de deux façons : directement, par sa mère (allaitement naturel), — de beaucoup le meilleur et le plus sûr.

Ou bien au biberon (allaitement artificiel), qui demande des soins et des précautions.

L'allaitement mixte est un combiné des deux.

Si on recourt à l'allaitement artificiel, on se sert comme biberon d'une simple bouteille graduée, surmontée d'une tétine en caoutchouc. Il faut l'entretenir avec une grande propreté. Si la bouteille et la tétine sentent l'aigre, le lait tourne et donne des coliques à l'enfant.

Les repas de l'enfant devront être réglés, c'est-à-dire donnés à intervalles réguliers. Il ne faut rien lui faire prendre entre ses repas, on risquerait de provoquer des indigestions.

Questionnaire.

1° Pourquoi dans l'allaitement artificiel, le biberon doit-il être gradué? Quels soins faut-il prendre pour la bouteille et pour la tétine?

2° Justifiez l'orthographe de *donnés*.

3° Nature et fonction des pronoms de la dernière phrase.

Rédaction. — Votre maman, obligée de sortir vous confie votre petite sœur de trois mois. Comment allez-vous la tenir et la coucher? Précautions à prendre : pourquoi soutenir la tête, les reins?... pourquoi éviter les chocs sur la tête?

Lorsque l'enfant paraît (1)

Lorsque l'enfant paraît, le cercle de famille
Applaudit à grands cris. Son doux regard qui brille
Fait briller tous les yeux,
Et les plus tristes fronts, les plus souillés peut-être,
Se dérident soudain à voir l'enfant paraître
Innocent et joyeux.

---

(1) Nos lecteurs qui désireraient consulter un choix plus abondant d'extraits de V. Hugo peuvent se reporter aux trois volumes parus dans la *collection Pallas* (Ed. Delagrave) et au récent ouvrage de M. Maurice Levaillant: *L'œuvre de Victor Hugo* (Ed. Delagrave).

« A ma coupe l'oiseau s'abreuve.
Qui sait ? Après quelques détours,
Peut être deviendrai-je un fleuve
Baignant vallons, rochers et tours !

« Je broderai de mon écume
Ponts de pierre, quais de granit,
Emportant le steamer qui fume
A l'Océan où tout finit. »

Ainsi la jeune source jase
Formant cent projets d'avenir ;
Comme l'eau qui bout dans un vase
Son flot ne peut se contenir.

Mais le berceau touche à la tombe ;
Le géant futur meurt petit ;
Née à peine, la source tombe
Dans le grand lac, qui l'engloutit.

Théophile GAUTIER.

Émaux et Camées (Fasquelle, éditeur).

Problèmes.

Je dépense dans un magasin le 1/3 de ce que j'avais ; dans un autre les 2/5. Dans un 3e, je désire 18 mouchoirs à 36 francs la douzaine, mais il me manque 30 francs pour payer. Combien possédais-je ?

Solution.

Premières dépenses : 1/3+2/5=11/15.

Reste : 15/15—11/15=4/15.

Prix des mouchoirs : $\frac{36 \text{ fr} \times 18}{12} = 54$ francs.

Il me restait : 54 fr.—30=24 francs ou 4/15.

Je possédais : $\frac{24 \text{ fr} \times 15}{4} =$ **90 francs.**

Une ménagère voulant peser les oranges qu'elle vient d'acheter met dans l'autre plateau de la balance 50 pièces de 10 centimes et 10 pièces de 5 centimes en bronze. Combien a-t-elle déboursé si les oranges étaient de 6 francs le kilogramme ?

Solution.

Poids total des pièces mises dans le plateau :

(10 gr. × 50)+(5 gr. × 10)=550 gr. ou 0 kg. 550.

Elle a déboursé : 6 fr. × 0,550=**3 fr. 30.**

Il est si beau, l'enfant, avec son doux sourire,
Sa douce bonne foi, sa voix qui veut tout dire,
Ses pleurs vite apaisés,
Laissant errer sa vue étonnée et ravie,
Offrant de toutes parts sa jeune âme à la vie
Et sa bouche aux baisers.

Seigneur ! préservez-moi, préservez ceux que j'aime,
Frères, parents, amis, et mes ennemis même
Dans le mal triomphants,
De jamais voir, Seigneur, l'été sans fleurs vermeilles,
La cage sans oiseaux, la ruche sans abeilles,
La maison sans enfants.

Victor HUGO.

Problèmes.

Un enfant allaité artificiellement consomme dans le mois de mai 450 grammes de lait de vache par jour, et dans le mois de juin 700 grammes. Quel serait le prix du lait consommé dans ces 2 mois, à raison de 1 fr. 10 le litre ? la densité du lait est 1030.

Solution.

Poids du lait pris en mai : 450 gr. × 31 = 13.950 grammes.
Poids du lait pris en juin : 700 gr. × 30 = 21.000 grammes.
Total : 34.950 grammes.
Nombre de litres de lait : 34.950 : 1030 = 33 l. 932.
Prix du lait : 1 fr. 10 × 33,932 = **37 fr. 3252.**

Trois vaches donnent chacune en moyenne 15 litres de lait par jour et ce lait contient 16 % de crème. Un litre de crème donne 250 grammes de beurre. Dire la valeur du beurre fourni par ces vaches en 2 semaines, si le ½ kilogramme vaut 9 fr. 50 ?

Solution.

Lait donné par 3 vaches en 2 semaines : 15 l. × 3 × 14 = 630 l.

Quantité de crème : $\frac{16 \text{ l.} \times 630}{100} = 100 \text{ l.}, 80.$

Poids du beurre obtenu : 250 gr. × 100,80 = 25.200 grammes, ou 25 kg. 200.

Valeur de ce beurre : 9 fr. 50 × 2 × 25,200 = **478 fr. 80.**

DIX-SEPTIÈME LEÇON

HYGIÈNE DU MALADE.

Dictée. — A moins que le médecin ne s'y oppose, il faut chaque jour aérer la chambre du malade, avec les précautions voulues pour qu'il ne prenne pas froid : c'est-à-dire, mettre devant lui un rideau, ou bien ouvrir la fenêtre de la pièce voisine. Pendant ce temps, on balaie et on essuie avec un chiffon humide, pour que les poussières ne volent pas.

Il faut observer les ordonnances du médecin, surtout en ce qui concerne la diète, et ne donner absolument que ce qu'il aura permis. Il y a trois sortes de diètes :

La diète hydrique (eau, tisanes ou limonade) ;

La diète lactée (lait) ;

La demi-diète (potages légers, bouillons de légumes, laits de poule).

Un malade a besoin de beaucoup de calme et de silence ; il faut donc éviter le va et vient autour de son lit et les conversations bruyantes.

Questionnaire.

1° Qu'est-ce que la diète? Quand et pourquoi faut-il l'observer?

2° Donnez le contraire de : *mettre*, *ouvrir*, *donner*.

3° Quelles remarques faites-vous sur : *balaie*, *essuie?* Ecrivez *nettoyer* et *plier* à la 1re et 2e personne du présent et de l'imparfait du subjonctif.

Rédaction. — La maman de Simone est malade, et le médecin a indiqué un traitement. Les voisines apportent un remède de bonne femme dont elles vantent l'efficacité. Que va faire Simone?

Adieu.

Dans la solitaire bourgade,
Rêvant à ses maux tristement,
Languissait un pauvre malade
D'un long mal qui va consumant.
Il disait : « Gens de la chaumière,
Voici l'heure de la prière
Et les tintements du beffroi :
Vous qui priez, priez pour moi.

« Mais quand vous verrez la cascade
Se couvrir de sombres rameaux,
Vous direz : « Le jeune malade
« Est délivré de tous les maux ! »
Lors revenez sur votre rive
Chanter la complainte naïve :
Et quand tintera le beffroi,
Vous qui priez, priez pour moi. »

MILLEVOYE.

Problèmes.

Un père de famille travaille 8 heures par jour et gagne 4 fr. par heure. Cette famille, composée de 6 personnes mange 2 kg. 4 de pain par jour. Quelle somme faudra-t-il payer pour la consommation annuelle de pain qui coûte 1 fr. 05 les 500 gr. Combien cette somme représentera-t-elle de journées du père?

Solution.

Gain journalier du père : 4 fr. × 8 = 32 francs.
Poids du pain consommé en un an : 2 kg. 4 × 365 = 876 kg.
Montant de 876 kilogrammes de pain :
1 fr. 05 × 2 × 876 = 1.839 fr. 60.
Cette somme représentera :
1.839 fr. 60 : 32 = 58 journées par excès.

Vous achetez à la pharmacie pour des lavages antiseptiques faibles, 90 grammes d'acide borique. Combien de litres d'eau boriquée à 3 % pourrez-vous préparer?

Solution.

En dosant à 3 % il faut 3 × 10, soit 30 grammes d'acide borique pour 1 litre.

Avec 90 grammes on préparera : $\frac{1 \times 90}{30}$ = **3 litres.**

DIX-HUITIÈME LEÇON

LES ACCIDENTS.

Dictée. — Une bonne ménagère doit à l'occasion pouvoir être un peu infirmière et savoir donner les premiers soins en cas d'accidents.

Les accidents les plus fréquents sont les coupures, les piqûres et les brûlures.

Toutes les fois qu'il y a plaie, une propreté scrupuleuse est de rigueur, et le pansement s'impose, pour préserver la blessure des microbes contenus dans l'air ; c'est ce qui s'appelle *asepsie* ou propreté parfaite. La blessure sera lavée à l'eau bouillie, puis enveloppée de gaze et de coton hydrophiles stérilisés, dont la ménagère doit toujours avoir une petite provision à sa disposition.

Avant de faire un pansement, il faut toujours avoir la précaution de se laver très soigneusement les mains.

Questionnaire.

1° Que signifient les expressions : *propreté scrupuleuse est de rigueur ; coton hydrophile ; gaze stérilisée?*

2° Mots de la famille de *asepsie?* Citez un adjectif dérivé de *microbe.*

3° Conjuguez *pouvoir* au présent de l'indicatif et au passé simple.

Rédaction. — Votre petit frère s'est renversé de l'eau bouillante sur le pied. Comment le soignerez-vous ?

Les poussières et les microbes.

Vous avez remarqué les rayons lumineux qui pénètrent dans les chambres, lorsque les volets sont fermés et qu'il ne reste que quelques fentes par où le soleil puisse passer : vous avez vu, et c'est très joli à regarder, de fines poussières qui dansent, montent, descendent, toutes brillantes sous la lumière du soleil. Vous les voyez dans le rayon lumineux parce qu'elles sont éclairées, mais elles se trouvent également tout autour de vous en aussi grande abondance sans que vous puissiez les apercevoir, faute d'un éclairage suffisant. Toutes ces poussières vont tomber lentement, sans cesse remplacées, et vous donneront votre travail de nettoyage pour demain.

Ces poussières contiennent des germes vivants, extrêmement petits, invisibles à l'œil nu, que l'on appelle *microbes* et qui se développent et provoquent des fermentations, des altérations de diverses sortes lorsqu'elles tombent dans un liquide ou sur un corps où ils peuvent se développer. Ils ont été découverts par notre grand savant, Pasteur. Les complications des plaies, même de plaies très bénignes, sont presque toujours provoquées par ces germes contenus dans les poussières, donc par un manque de propreté.

M. MARDUEL.

Problèmes.

Trois cultivateurs louent à frais communs une batteuse mécanique. Le 1er a 8.760 gerbes à faire battre, le 2e en a 4.620 et le 3e 7.450. La dépense totale est de 1.041 fr. 50. Que doit payer chaque cultivateur?

Solution.

Nombre total de gerbes à battre :

$$8.760+4.620+7.450=20.830 \text{ gerbes.}$$

Le 1er cultivateur payera : $\frac{1.041 \text{ fr. } 50\times 8.760}{20.830} =$ **438 francs.**

Le 2e cultivateur payera : $\frac{1.041 \text{ fr. } 50\times 4.620}{20.830} =$ **231 francs.**

Le 3e cultivateur payera : $\frac{1.041 \text{ fr. } 50\times 7.450}{20.830} =$ **372 fr. 50.**

Une mère de famille achète 50 kilogrammes de groseilles pour faire des confitures. Combien devra-t-elle employer de sucre, sachant qu'il faut 850 grammes de sucre par litre de jus, et que 7 kilogrammes de groseilles rendent 5 litres de jus?

Solution.

Quantité de jus obtenu : $\frac{5 \text{ l.}\times 50}{7} = \frac{250}{7}$.

Sucre employé : $\frac{0 \text{ kg. } 850\times 250}{7} =$ **30 kg. 357.**

DIX-NEUVIÈME LEÇON

LES ACCIDENTS *(suite)*.

Dictée. — La syncope ou évanouissement est un accident fréquent chez les jeunes filles ; c'est en général un signe d'anémie ou de faiblesse nerveuse qui se produit le plus souvent à jeun. Il ne faut pas la confondre avec l'attaque d'apoplexie qui atteint plutôt les personnes âgées, et qui ne doit pas être soignée de la même manière.

Dans la syncope, le malade pâlit ; dans l'attaque d'apoplexie, le visage reste coloré.

Dans les deux cas, il faut donner de l'air au malade, et desserrer ses vêtements qui pourraient l'empêcher de respirer.

La personne évanouie devra être étendue aussi à plat que possible ; frapper le visage avec un linge mouillé d'eau froide ; faire respirer une odeur forte (vinaigre, eau de Cologne).

Une personne qui a une attaque devra être maintenue assise ; éviter absolument de lui donner de l'alcool : appeler immédiatement le médecin, et, en attendant observer la diète absolue et maintenir des compresses froides sur le front.

Questionnaire.

1° Comment distingue-t-on la syncope de l'attaque d'apoplexie ? Quels sont dans les deux cas : *a)* les soins communs ; *b)* les soins différents ?

2° Comment est formé le mot *vinaigre ?* Donnez un composé et un dérivé de *coloré*.

3° Analysez logiquement : *qui pourraient l'empêcher de respirer.*

Rédaction. — Votre petit frère est tombé le front sur des pierres et il a la figure couverte de sang. Que faut-il faire ?

Quelle différence y a-t-il entre l'hémorragie capillaire et l'hémorragie veineuse ? Quelle est la plus grave ?

Le sang-froid.

Il faut savoir commander à notre sensibilité pour avoir le courage du dévouement. D'abord, il ne faut pas crier au moment du danger... Si vous criez, vous accaparez l'attention, vous enlevez aux personnes qui sont avec vous la présence d'esprit dont elles auraient besoin pour conjurer le péril. La force d'âme qui nous fait rester calme dans ces occasions-là s'appelle le sang-froid... Beaucoup d'accidents arrivent faute de sang-froid.

Il ne faut pas que la vue du sang vous fasse fuir... Toute femme doit être capable de panser au besoin une plaie. Il faut imposer silence à ses nerfs. La vue d'une plaie n'a rien d'agréable, certainement, mais le bonheur de soulager ceux qui souffrent vaut bien que l'on surmonte une impression pénible. Il ne faut pas penser qu'à soi. Le désir d'être utile à ses semblables, de les sauver d'un danger, donne parfois aux êtres les plus faibles de la force et du courage.

A.-L. Masson.

(Vitte, éditeur).

Problèmes.

Une ménagère va au marché et achète 2 douzaines ½ d'œufs à 3 fr. 50 la ½ douzaine, 4 salades à 0 fr. 70 l'une, 2 fromages à 2 fr. 15 pièce et 1 kg. 250 de viande à 7 fr. 50 le ½ kilogramme. Combien rapportera-t-elle, si elle a pris un billet de 100 francs.

Solution.

Prix des œufs : 3 fr. 50×5=17 fr. 50.
Prix des salades : 0 fr. 70×4=2 fr. 80.
Prix des fromages : 2 fr. 15×2=4 fr. 30.

Prix de la viande : $\frac{7 \text{ fr. } 50 \times 1.250}{500} = 18 \text{ fr. } 75.$

Total : 17,50+2,80+4,30+18,75=43 fr. 35.
Elle rapportera : 100 fr.—43,35=**56 fr. 65.**

Calcul mental.

Un marchand a vendu 6 salades pour 4 fr. 20 ; combien aurait-on de salades pour : 8 fr. 40? 12 fr. 60? 16 fr. 80?

Solution.

Pour 8 fr. 40 on aura : 6+6=12 salades.
Pour 12 fr. 60 on aura : 6×3=18 salades.
Pour 16 fr. 80 on aura : 6×4=24 salades.

VINGTIÈME LEÇON

QUALITÉS DE LA BONNE MÉNAGÈRE.

Dictée. — A la propreté et l'esprit d'ordre, la ménagère doit joindre l'économie bien comprise, la prévoyance, le dévouement et l'égalité d'humeur.

L'économie ne doit pas être confondue avec l'avarice.

L'avarice consiste à chercher toujours à ne pas dépenser pour amasser de l'argent.

L'économie consiste à savoir dépenser moins pour les choses inutiles, et tout ce qu'il faut pour la santé et le bien-être de la famille.

Par exemple, il faut réduire le plus possible les frais de tabac, de foires, de toilettes, d'alcool ; mais il faut se bien nourrir avec des aliments sains et substantiels ; avoir des vêtements de bonne qualité et appropriés aux saisons.

Le dévouement fait trouver son bonheur en cherchant le bonheur des autres.

Questionnaire.

1° Quelles sont les qualités de la bonne ménagère indiquées dans le texte? Pourriez-vous en citer d'autres?

2° Donner les contraires de : *économie*, *prévoyance*, *dévouement*.

3° Conjuguez *joindre* à la 3e personne du singulier et du pluriel de l'imparfait du passé simple et du futur du mode indicatif.

Rédaction. — Renée rentre tout heureuse du patronage, et veut demander à sa maman la permission d'aller faire une sortie organisée avec ses compagnes. Avant qu'elle ait pu formuler sa demande, sa maman lui annonce qu'elle est obligée de s'absenter ce jour-là et lui confie la maison. Comment prendra-t-elle la chose?

La maison sans Mère.

Que c'est triste, une maison sans femme ! La figure douce, calme, effacée de maman Françou ne tint jamais autant de place à la ferme des Eyrials que lorsqu'elle n'y fut plus. De son vivant, elle faisait toutes ses petites choses de ménagère avec un soin tranquille, parlait peu, ne glissait son mot que dans les questions graves, et même, dans ce cas, avait une façon discrète d'inspirer un conseil, sans le donner précisément. Elle enveloppait toute la maison de tendresse : le meilleur de la vie du paysan, l'insouciant retour du soir, après la fatigue de la journée, le contentement de retrouver le feu qui brille, éclairant les landiers, la marmite qui chante, les lits de plume assoupis dans l'ombre de leurs rideaux tirés, l'armoire et son odeur de linge frais, la commode en noyer verni toute luisante encore après trente ans d'usage, toute la joie d'un humble intérieur honnête et propre, qui sourit, c'est à elle qu'on le devait. On ne s'en aperçut que lorsqu'elle fut partie, parce qu'elle avait ce vrai mérite, qui se déguise ou ne se montre pas, et que le regret seul fait apprécier. Jean NESMY.

L'ivraie (librairie Delagrave, éditeur.)

Problèmes.

Une jeune fille place ses économies à la Caisse d'Epargne à la fin de chaque année, elle ne retire pas les intérêts. Elle verse 340 francs la première année, 560 francs la deuxième et 780 francs la troisième au taux de 3,50 %. Combien cette jeune fille possède-t-elle à la fin de la troisième année ?

Solution.

A la fin de la 1re année elle possède: $\frac{103,50 \times 340}{100} = 351$ fr. 90.

A la fin de la 2e année le capital est : 560+351,90=911 fr. 90.

A la fin de la 2e année elle a: $\frac{103 \text{ fr. } 50 \times 911,90}{100} = 943$ fr. 8165.

A la fin de la 3e année le capital est :

780 fr.+943,8165=1.723 fr. 8165.

A la fin de la 3e année elle possède :

$$\frac{103,50 \times 1.723,8165}{100} = \mathbf{1.784 \text{ fr. } 15.}$$

Une ménagère achète 25 mètres de toile à 15 francs le mètre et 31 m. 25 de calicot à 4 francs le mètre. Pour cet achat payé au comptant, elle verse 450 francs. Quelle remise a été faite % ?

Solution.

Prix de la toile : 15 fr ×25=375 francs.

Prix du calicot : 4 fr. ×31,25=125 francs.

Total : 375+125=500 francs.

Remise totale : 500 fr.—450=50 francs.

Remise % $\frac{50 \times 100}{500} = \mathbf{10}$ %.

VINGT ET UNIÈME LEÇON

LA BASSE-COUR.

Dictée. — En dehors du ménage qui est son domaine principal, la femme a un rôle important à jouer dans l'exploitation de la *propriété*.

Une ménagère soigneuse peut tirer grand *parti* de sa basse-cour et de sa laiterie pour l'alimentation et la prospérité de la famille.

Les principaux oiseaux *que* l'on trouve dans la basse-cour *appartiennent* à l'ordre des gallinacés ou à celui des palmipèdes. Tous fournissent une chair excellente, des œufs et des plumes.

Parmi les gallinacés : la poule, le dindon, la pintade, le pigeon.

Parmi les palmipèdes : l'oie et le canard.

Pour les animaux, comme pour l'homme, les deux conditions essentielles sont : l'hygiène alimentaire et la propreté.

Questionnaire.

1° Comment la femme joue-t-elle un rôle important dans l'exploitation de la propriété?

2° Quel est le pluriel de *basse-cour?* Justifiez l'orthographe.

3° Analysez les mots soulignés.

Rédaction. — Comment une fillette peut-elle aider sa maman pour les soins des lapins? Nourriture, précautions à prendre pour le choix des aliments, entretien du clapier.

Lapins.

Les petits lapins, dans le bois,
Folâtrent sur l'herbe arrosée,
Et, comme nous le vin d'Arbois,
Ils boivent la douce rosée.

Gris foncé, gris clair, soupe au lait,
Ces vagabonds, dont se dégage
Comme une odeur de serpolet,
Tiennent à peu près ce langage :

« Nous sommes les petits lapins,
Gens étrangers à l'écriture,
Et chaussés des seuls escarpins
Que nous a donnés la nature.

« Nous sommes les petits lapins.
C'est le poil qui forme nos bottes,
Et, n'ayant pas de calepins,
Nous ne prenons jamais de notes.

« Et dans la bonne odeur des pins
Qu'on voit ombrageant ces clairières,
Nous sommes les petits lapins
Assis sur leurs petits derrières. »

Théodore DE BANVILLE.

Sonnailles et Clochettes (Fasquelle, éditeur).

Problèmes.

Une fermière a 45 poules qui ont pondu en moyenne chacune 92 œufs dans un an. Elle vend les œufs 5 fr. 60 la douzaine. Quel profit retirera-t-elle de ses œufs, sachant que pour la nourriture, elle dépense 3 fr. 50 par jour?

Solution.

Total de la ponte : $92 \times 45 = 4.140$ œufs.

Prix de vente des œufs : $\frac{5 \text{ fr. } 60 \times 4.140}{12} = 1.932$ francs.

Dépense pour la nourriture : 3 fr. $50 \times 365 = 1.277$ fr. 50.
Profit : 1.932 fr.—1.277 fr. 50=**654 fr. 50**.

On construit une bergerie de 16 mètres de long, 12 m. 50 de large, et 3 m. 75 de haut, de façon que chaque mouton ait 3 mètres cubes d'air. Combien pourra-t-on en loger?

Solution.

Volume de la bergerie : $16 \times 12{,}50 \times 3{,}75 = 750$ m³.

On pourra loger : $\frac{1 \times 750}{3}$ = **250 moutons.**

VINGT-DEUXIÈME LEÇON

LA LAITERIE.

Dictée. — La laiterie doit être réservée exclusivement au lait et tenue avec une extrême propreté.

Tous les ustensiles : passoire, pots, cuillères, écrémeuse, baratte, etc., réclament une propreté rigoureuse.

Les planches qui les supportent doivent être lavées souvent à l'eau de cristaux avec une brosse de chiendent.

Les pots et terrines nettoyés avec du sable et des orties ou du foin de temps en temps, et toujours lavés à l'eau bouillante, puis rincés à l'eau froide. On les renverse ensuite pour qu'ils égouttent.

La baratte et l'écrémeuse seront démontées chaque fois, puis séchées au soleil ou à la chaleur.

Il est important d'éviter les mouches ; pour cela, on garnira les fenêtres de rideaux ou de toiles métalliques.

Questionnaire.

1° Définissez : *terrine*, *laiterie.*

2° Quelle est la propriété des orties dans le nettoyage des pots à lait ?

3° Analyse logique de la phrase : *Les planches qui les supportent...*

Rédaction. — Paulette regarde sa maman faire le beurre, et explique ensuite à ses compagnes comment elle s'y prend pour expulser tout le petit-lait par un malaxage soigné. Importance de cette opération pour assurer la qualité du beurre et sa conservation.

La Vache.

Une vache était là tout à l'heure arrêtée.
Superbe, énorme, rousse et de blanc tachetée,
Douce comme une biche avec ses jeunes faons,
Elle avait sous le ventre un beau groupe d'enfants,
D'enfants aux dents de marbre, aux cheveux en broussailles,
Frais, et plus charbonnés que de vieilles murailles,
Qui, bruyants, tous ensemble, à grands cris appelant
D'autres qui, tout petits, se hâtaient en tremblant,
Dérobant sans pitié quelque laitière absente,
Sous leur bouche joyeuse et peut-être blessante

Et sous leurs doigts pressant le lait par mille trous,
Tiraient le pis fécond de la mère au poil roux.
Elle, bonne et puissante et de son trésor pleine,
Sous leurs mains par moments faisant frémir à peine
Son beau flanc plus ombré qu'un flanc de léopard,
Distraite, regardait vaguement quelque part.

Victor HUGO.

Problèmes.

Une fermière vend 15 kilogrammes de beurre à 11 fr. 25 le ½ kilogramme. Avec la somme qu'elle reçoit, elle achète 12 m. 50 de toile à 14 fr. 40 le mètre, et un certain nombre de mètres de cretonne à 7 fr. 80 le mètre. Il lui reste alors 62 fr. Combien de mètres de cretonne a-t-elle achetés?

Solution.

Prix du beurre : 11 fr. 25×2×15=337 fr. 50.
Prix de la toile : 14 fr. 40×12,50=180 francs.
Prix de la cretonne : 337 fr. 50—(180+62)=95 fr. 50.
Nombre de mètres de cretonne : 95 fr. 50 : 7,80=**12 m. 243.**

Une fermière a 9 vaches qui lui donnent en moyenne chacune 1 dal. ½ de lait par jour. Elle peut vendre son lait 1 fr. 20 le litre, ou, avec 20 litres, faire 1 kilogramme de beurre à 17 fr. 75 et 1 kilogramme de fromage à 4 fr. 70. On demande s'il est plus avantageux de vendre le lait ou de faire du beurre et des fromages. Calculer le bénéfice pour 1 mois de 30 jours.

Solution.

Produit du lait en 1 jour : 1 fr. 20×15×9=162 francs.
Lait obtenu journellement : 1 dal. 5×9=13 dal. 5 ou 135 l.

Valeur du beurre : $\frac{17 \text{ fr. } 75 \times 1 \times 135}{20} = 119$ fr. 8125.

Poids du fromage : $\frac{1 \text{ kg.} \times 135}{20} = 6$ kg. 75.

Valeur du fromage : 4 fr. 70×6,75 = 32 fr. 725.

Total : 152 fr. 5375.

Bénéfice journalier : 162 fr.—152,5375=9 fr. 4625.
Bénéfice par mois : 9 fr. 4625×30=**283 fr. 875.**

VINGT-TROISIÈME LEÇON

LES FROMAGES.

Dictée. — La fabrication du fromage consiste à faire coaguler le lait sous l'influence de la présure et de certains acides.

Les fromages peuvent être gras ou maigres, selon que le lait dont on se sert est plus ou moins écrémé.

Les fromages maigres, fabriqués après le prélèvement de la crème pour le beurre, sont en général, réservés à la consommation de la ferme.

La fabrication du fromage comprend quatre opérations :

1° Faire cailler le lait ;

2° Evacuer le petit-lait ;

3° Mettre en moules ;

4° Sécher ou faire fermenter.

Pour faire cailler le lait, on se servait autrefois de *caillette* (quatrième estomac du veau). Aujourd'hui, on emploie de préférence, des présures liquides ou en poudre, qui donnent de meilleurs résultats. Elles sont accompagnées de renseignements sur la manière de les employer et de les doser.

Questionnaire.

1° Qu'entendez-vous par faire cailler le lait ? Comment prélève-t-on la crème ?

2° Trouver un nom et un adjectif dans les verbes : *écrémer*, *fermenter*, *doser*.

3° Homonymes de *lait*.

Rédaction. — Il reste du lait aujourd'hui. La maman fait mettre à Germaine un peu de présure dans la terrine. Que va-t-il se passer ? Que fera-t-on du petit-lait ?

Le Fromage.

Le fromage est tout à la fois un aliment riche et un aliment savoureux. Les uns le considèrent comme l'ornement d'une table copieusement servie, comme la parure et le complément d'un bon dîner, en même temps digestif par les ferments qu'il renferme. Les autres lui trouvent des qualités sans égales, non seulement comme aliment réparateur des forces en lui-même, mais encore par sa faculté bien connue et très appréciée de faciliter la consommation du pain. Le fromage, d'ailleurs, ne peut être agréablement consommé qu'avec du pain, et dans notre pays où le pain est à la base de la nourriture, il en est l'accompagnement précieux.

(L'École et la Famille.)

Problèmes.

Huit vaches donnent chacune en moyenne 225 litres de lait par mois. Pour écrémer ce lait on achète une écrémeuse centrifuge. Dire la quantité de beurre qu'elle recueillera de plus par an, sachant qu'avec l'écrémage centrifuge on gagne 500 grammes de beurre par 80 litres de lait.

Solution.

Lait donné par 8 vaches en 1 an : $225 \text{ l.} \times 8 \times 12 = 21.600 \text{ l.}$
On recueillera de plus en beurre :

$$\frac{500 \text{ gr.} \times 21.600}{80} = 135.000 \text{ grammes ou } \mathbf{135 \text{ kilogrammes}}.$$

Une fermière vend au marché 96 œufs à 6 fr. 50 la douzaine et 6 livres de fromage à 4 fr. 25 la livre. Elle emploie les 3/5 de la somme reçue à l'achat de viande et le reste à l'achat d'épicerie. Quelle somme laisse-t-elle à l'épicier.

Solution.

Prix des œufs : $\frac{6 \text{ fr. } 50 \times 96}{12} = 52$ francs.

Prix des fromages : $4 \text{ fr. } 25 \times 6 = 25 \text{ fr. } 50$.
Prix total : $52 \text{ fr.} + 25{,}50 = 77 \text{ fr. } 50$.

Epicerie : $\frac{5}{5} - \frac{3}{5} = \frac{2}{5}$.

Elle laisse à l'épicerie : $\frac{77 \text{ fr. } 50 \times 2}{5} =$ **31 francs.**

VINGT-QUATRIÈME LEÇON

LES ENGRAIS.

Dictée. — Les éléments du sol qui peuvent servir de nourriture aux plantes sont très nombreux ; mais on doit surtout se préoccuper de quatre d'entre eux qui se trouvent souvent en quantité insuffisante et qu'il faut alors apporter au sol sous forme d'engrais. Ce sont : l'azote, l'acide phosphorique, la potasse et la chaux.

Parmi les engrais, il faut distinguer les engrais organiques, comme le fumier et le terreau ; et les engrais chimiques ou minéraux. Le fumier contient à la fois tous les éléments utiles, et il faut le considérer comme la meilleure base de fertilité. Mais les engrais minéraux sont aussi très utiles, parce qu'il en est dont l'action est plus rapide, et parce qu'ils permettent de donner en plus grande abondance au sol les éléments qui lui manquent le plus.

Questionnaire.

1° D'après le texte, comment classez-vous les engrais?

2° Expliquer les expressions : *meilleure base de fertilité, il en est dont l'action est plus rapide.*

3° Analyser : *très nombreux*, *se préoccuper*, *insuffisante*, *lui.*

Rédaction. — Votre papa a bêché le jardin potager et vous réserve un carré ; comment le préparerez-vous? Qu'y planterez-vous? quelques légumes faciles à cultiver (salades, haricots), et quelques fleurs que vous aimez dont on vous aura donné la graine ou le plant ; lesquelles?

L'alimentation des Plantes.

Les plantes puisent leur nourriture dans le sol par leurs racines et dans l'air par leurs feuilles. Les éléments du sol ne peuvent servir à la nourriture du sol qu'après avoir été dissous. A l'état liquide, ils sont aspirés par les petits poils des radicelles, et forment la sève qui circule dans toute la plante. Dans les feuilles, cette sève rencontre des éléments gazeux absorbés dans l'air (acide carbonique et oxygène) ; sous l'influence de la chaleur et de la lumière, il se produit entre les uns et les autres des combinaisons chimiques d'où résultent tous les produits végétaux qui nous sont utiles : sucre, amidon, fécule, matières grasses, etc... La feuille peut donc être comparée à une cuisine ou à un laboratoire.

A. DE PONCINS.

Problèmes.

On emploie pour fumer un champ 17.000 kilogrammes de fumier et 150 kilogrammes de nitrate de soude. Le fumier contient 6 ‰ d'azote et le nitrate 15 %. D'après cela, dire la quantité d'azote que le champ a reçue.

Solution.

Azote contenu dans le fumier: $\frac{6 \times 17.000}{1.000} = 102$ kilogrammes.

Azore contenu dans le nitrate : $\frac{15 \times 150}{100} =$ 22 kg. 50.

Quantité totale d'azote : **124 kg. 50.**

Une ménagère a acheté 36 fagots de bois et 5 quintaux 7 de charbon pour 3 mois. Dire la quantité de chaque matière que l'on devra commander pour un an.

Solution.

Quantité de bois : $\frac{36 \times 12}{3} =$ **144 fagots.**

Quantité de charbon : $\frac{570 \times 12}{3} =$ 2.280 kilogram., ou **2 t. 280.**

VINGT-CINQUIÈME LEÇON

LES PLANTES.

Dictée.— Les plantes se reproduisent par semis, marcottage, bouture et greffage.

Les semis se font de préférence en lignes pour faciliter le nettoyage, le sarclage et le binage. On sème en lignes continues les graines fines (laitues, carottes, etc.), et en paquets les graines de pois, haricots, etc.

Le bouturage consiste à planter en terre un rameau du pied-mère pour qu'il reprenne racine. Il faut que le rameau soit jeune, coupé horizontalement et aussi près que possible de l'œil de base de la bouture. La bouture doit être plantée dans une terre légère et souvent arrosée.

Questionnaire.

1° D'après le texte quels sont les modes de reproduction des plantes ? Qu'est-ce que semer en paquets ?

2° Mots de la famille de *semis*.

3° Analyse logique de la phrase : *Le bouturage consiste*...etc.

Rédaction. — Qu'avez-vous mis dans la plate-bande de votre jardin ? Quels soins y donnerez-vous ? Comment et pourquoi arroser ? Importance du choix de l'eau et de l'heure de l'arrosage. Prendrez-vous de l'eau du puits ? Arroserez-vous au milieu du jour en été ?

Le Sarclage.

En plein blé, au milieu du champ, Fanny sarclait. Avec des épingles, elle avait relevé jusqu'à la ceinture le bas de son tablier, un solide tablier de futaine, et elle en avait fait un sac, qu'elle remplissait et qu'elle allait vider ensuite dans un coin, près de la haie du chemin.

A chaque instant, elle s'arrêtait, se courbait jusqu'à terre, et, les doigts lancés en avant, en crochet, elle arrachait d'un coup sec, un chiendent, une touffe d'ail sauvage, et l'enfonçait dans son tablier, avec les autres.

De loin, on ne les voyait pas, mais il y en avait beaucoup de ces mauvaises herbes. Elle n'en voulait point laisser passer, petites ou grandes. Elle faisait la toilette du blé. Elle avait de temps en temps la coquetterie de se retourner pour voir derrière elle, la jolie mine des sillons.

Charles BAUSSAN.

La Charrue (Spes, éditeur).

Problèmes.

Dans une maison d'ameublement, on fait une remise de 5 % en payant comptant. Sachant qu'une personne a déboursé 2.025 francs lors de son achat, on demande quelle somme elle aurait versée, si elle avait perdu l'escompte en retardant le paiement.

Solution.

Sans escompte, elle aurait déboursé :

$$\frac{100 \times 2.025}{95} = \mathbf{2.131\ fr.\ 578.}$$

On veut planter des cerisiers de chaque côté d'un chemin sur une longueur de 69 mètres. Les arbres seront espacés de 9 mètres et l'on commencera à planter à 6 mètres de la route où aboutit le chemin. A combien s'élèvera la dépense, l'arbuste coûtant 3 fr. 75 ?

Solution.

Longueur plantée : 69—6=63 mètres.

Nombre d'arbustes sur les 2 bords: $\frac{1\ a. \times (1+63) \times 2}{9} = 16$ arb.

La dépense s'élevera à : 3 fr. 75×16=**60 francs.**

VINGT-SIXIÈME LEÇON

LES LÉGUMES, LES FLEURS.

Dictée. — On peut diviser les légumes en trois groupes principaux : 1° Ceux cultivés pour la tige ou la feuille : les choux, laitues, poireaux, chicorée, mâche, oseille, bettes, persil, cerfeuil, épinards ;

2° Ceux cultivés pour la graine ou le fruit : les pois, haricots, lentilles, courges, tomates :

3° Ceux cultivés pour la racine : pommes de terre, carottes, navets, oignons, salsifis, ail.

Pour joindre l'agréable à l'utile, on peut facilement cultiver avec les légumes quelques plants de fleurs. Il y a de jolies plantes vivaces qui durent plusieurs années et demandent peu de soin : les rosiers, chrysanthèmes, dahlias, lis, pivoines, œillets, etc. ; et aussi des plantes annuelles qu'il faut semer chaque année : reines-marguerites, balsamines, zinnias, capucines, etc.

Questionnaire.

1° Quelle est l'utilité des légumes?
2° Trouver les contraires de : *agréable*, *utile*, *vivace*, *jolies*.
3° Indiquez les compléments de *semer*.

Rédaction. — Le jour de la fête de sa maman, Yvonne lui apporte un joli bouquet de fleurs qu'elle a elle-même cueillies dans son jardin. Quelles sont ces fleurs, et comment les a-t-elle cultivées?

Les bienfaits des fleurs.

En vérité, le monde ne saurait se passer de fleurs, surtout le monde qui vit à l'étroit et qui souffre.

. . . .

L'ouvrière mettra les violettes dans un verre, sur la table de travail, et elle imaginera un avenir; la jeune femme les laissera se faner à son corsage, et sentira que c'est bien, et qu'il y a une harmonie de plus ici-bas ; la vieille les gardera dans l'ombre, et trouvera une douceur à voir ces petites créatures, qui ne se détournent point d'elle parce qu'elle est vieille, et qui lui donnent leur fraîcheur, leur parfum, leur éclat, sans les retirer et les diminuer, comme tant d'autres douceurs se retirent et diminuent.

Personne ne saurait dire ce que les fleurs ont éveillé de pensées heureuses dans les âmes. Elles sont nos associées et nos amies. Elles sont une forme de notre adoration, quand nous ornons nos églises avec des gerbes ou que les enfants dans les processions, effeuillent des roses. Elles suivent avec nous, nos morts, et veillent un peu de temps sur les tombes, plus que nous-mêmes. René Bazin.

La douce France (de Gigord, éditeur).

Problèmes.

Une fermière cueille dans son potager depuis le 1er mai jusqu'à la fin de septembre, en moyenne pour 4 fr. 60 de légumes par jour. Combien économise-t-elle ainsi, sachant que la fumure du jardin est évaluée à 96 francs, les semences et les frais d'entretien à 200 francs?

Solution.

Nombre de jours : 31+30+31+31+30=153 jours.
Valeur de la récolte : 4 fr. 60×153=703 fr. 80.
Dépense pour l'entretien : 96 fr.+200=296 fr.
Elle économise : 703 fr. 80—296=**407 fr. 80.**

Une ménagère achète au détail les pommes de terre, les haricots nécessaires à la consommation familiale. Il lui faut chaque mois : 12 kilogrammes de haricots et 45 kilogrammes de pommes de terre. Elle paye 1 fr. 80 le kilogramme de haricots et 0 fr. 60 les pommes de terre. Quelle économie annuelle réaliserait-elle en achetant ses provisions en gros? Les haricots coûteraient 112 francs le sac de 80 kilogrammes, et les pommes de terre 35 francs le quintal.

Solution.

Prix des haricots pour un an : 1 fr. 80×12×12=259 fr. 20
Prix des pommes de terre : 0 fr. 60×45×12=324 fr.
Dépense totale : 583 fr. 20

Prix des haricots en gros : $\frac{112}{80}$ fr.×12×12=201 fr. 60.
Prix des pommes de terre : $\frac{35}{100}$ fr.×45×12=189 francs.
Dépense totale : 390 fr. 60

Economie annuelle : 583 fr. 20—390 fr. 60=**192 fr. 60.**

VINGT-SEPTIÈME LEÇON

LES FRUITS.

Dictée. — La ménagère doit songer aux desserts, aux confitures et aux compotes pour l'hiver: groseilles, framboises, fraises, pommes, prunes, pêches, cerises, lui rendront, pour cela, de grands services.

Groseilliers, framboisiers, fraisiers, peuvent trouver place dans le jardin potager. Cerisiers, pruniers, pêchers, pommiers, poiriers, auront une place réservée en dehors, pour ne pas gêner par leur ombre et leurs racines la culture des légumes.

Les arbres fruitiers ont pour ennemis les animaux (insectes, oiseaux, rats), et les jeunes enfants, toujours avides de fruits verts.

Questionnaire.

1° Qu'appelle-t-on jardin potager? Nommez des insectes nuisibles aux arbres fruitiers.

2° Analyser : *groseilliers*, *pommiers*, *culture*, *mettant*.

3° Conjuguer *sortir* aux trois personnes de l'impératif.

Rédaction. — Rose explique à son petit frère pourquoi il ne faut pas casser les branches des arbres fruitiers couvertes de fleurs au printemps, ni gaspiller les fruits verts qui fourniraient un si bon dessert si on les laissait mûrir.

Les fraises des bois.

Quand de juin s'éveille le mois,
Allez voir les fraises des bois,
Qui rougissent dans la verdure,
Plus rouges que le vif corail,
Balançant, comme un éventail,
Leur feuille à triple découpure.

Qui veut des fraises du bois joli?
En voici,
En voici mon panier tout rempli
De fraises du bois joli ! } *Refrain.*

Rouge en dehors, blanche en dedans,
Comme les lèvres sur les dents,
La fraise épand sa douce haleine,
Qui tient de l'ambre et du rosier ;
Quand elle monte du fraisier,
On sent que la fraise est prochaine.

Hélas ! n'entends-je pas venir,
Un essaim qui vient vous cueillir ?
Petits garçons, petites filles,
Ils pillent fraises, fleurs et nids,
Sans craindre les serpents tapis,
Ni les guêpes, ni les chenilles. Pierre DUPONT.

Problèmes.

Pour faire de la marmelade de prunes une ménagère a employé 25 kilogrammes de fruits à 2 fr. 75 le kilogramme. Le déchet résultant de la suppression des noyaux est de 12 %. Avant la cuisson, elle ajoute à la partie restante la ½ de son poids de sucre. L'évaporation amenée par la cuisson réduit le mélange de 25 %. A combien revient le kilogramme de marmelade si le kilogramme de sucre coûte 4 fr. 25.

Solution.

Prix des prunes : 2 fr. $75 \times 25 = 68$ fr. 75.

Il reste après suppression des noyaux :

$$\frac{88 \text{ kg.} \times 25}{100} = 22 \text{ kilogrammes.}$$

Poids de sucre : $\frac{22}{2} = 11$ kilogrammes.

Prix du sucre : 4 fr. $25 \times 11 = 46$ fr. 75.

Poids total : 22 kg. $+ 11 = 33$ kilogrammes.

Il reste après évaporation : $\frac{75 \text{ kg.} \times 33}{100} = 24$ kg. 75.

Prix total : 68 fr. $75 + 46{,}75 = 115$ fr. 50.

Prix du kilogramme de marmelade : 115,50 : 24,75 = **4 fr.666.**

Dans le jardin on a récolté 488 fruits : abricots, poires et pêches. Le nombre des poires est les 8/5 de celui des pêches et le nombre des pêches est le 2/7 des abricots. Quelle a été la récolte des différents fruits.

Solution.

Supposons un nombre d'abricots divisible par 5 et par 7 : 35.

Le nombre des pêches sera alors : $\frac{35 \times 2}{7} = 10.$

Et celui des poires : $\frac{10\times 8}{5}=16.$

Ce qui fait en tout : $35+10+16=61.$

D'où : Nombre d'abricots : $\frac{35\times 488}{61}=$ **280 abricots.**

Nombre de pêches : $\frac{10\times 488}{61}=$ **80 pêches.**

Nombre de poires : $\frac{16\times 488}{61}=$ **128 poires.**

VINGT-HUITIÈME LEÇON

LES ABEILLES, LES PLANTES MÉDICINALES.

Dictée. — Les abeilles nous fournissent le miel, si utile à la ménagère, non seulement comme aliment, mais aussi comme remède, pour sucrer les infusions ou préparer les gargarismes.

Il faut que les ruches soient placées assez loin des étables et des habitations, pour que les animaux et les enfants ne se trouvent pas sur le passage des abeilles.

Les ruches comprennent des ouvrières, des bourdons et une reine. Il peut y avoir jusqu'à 30.000 individus dans une ruche.

Les principaux ennemis des abeilles sont : les oiseaux, les fourmis, puis les guêpes et une espèce de papillon de nuit qui dépose ses œufs dans les fissures de la ruche, et dont les larves s'introduisent dans les rayons.

Questionnaire.

1° De quoi se compose une ruche? Que fournit-elle?

2° Expliquer : *gargarisme*, *rayon*, *fissure*.

3° Conjuguer *s'introduire* à la 3e personne du singulier et du pluriel de l'indicatif.

Rédaction. — Quelles sont les fleurs et les plantes médicinales que vous connaissez? Comment les récolter, les faire sécher et les conserver? Proposez à une compagne d'utiliser le congé du jeudi à faire cette cueillette quand le temps le permet, en rappelant qu'il ne faut ramasser les plantes que par un temps sec, chaud et ensoleillé.

Les Abeilles.

Evitez, mes enfants, pendant que je travaille,
La plate-bande en friche où sous les néfliers,
Les abeilles, autour de leur maison de paille,
Dans l'air ensoleillé se croisent par milliers.

Surtout sous un ciel lourd de chaleur orageuse,
Lorsque l'été triomphe aux entours de midi :
Plus irritable alors, la brune travailleuse
Peut devenir fatale à tout jeune étourdi.

Elles ne veulent pas qu'on les trouble ou les gêne ;
Elles ont en horreur les gestes et le bruit.
Il est des animaux qu'elles prennent en haine,
Des gens que leur tenace inimitié poursuit.

Votre chien au poil noir pourrait bien leur déplaire :
Une couleur trop sombre excite leur courroux ;
Dans ce coin du jardin si vous voyez qu'il erre,
D'un prompt coup de sifflet, rappelez-le vers vous.

Si quelqu'une jamais vous piquait au passage,
Gardez-vous de crier et d'agiter les bras ;
Le petit bois est proche où, sous l'épais feuillage,
Le reste de l'essaim ne vous cherchera pas.

Pour être sûrement hors d'une grave atteinte,
Ne mettez à partie ni hâte, ni retard ;
Sous bois prenez l'abeille entre vos doigts, sans crainte,
Puisque dans la blessure elle a laissé son dard.

Elle n'aura causé qu'une douleur légère ;
Elle en mourra... Jugez, et comparez vos maux,
Et, contre sa jeune ombre abjurant la colère,
Comme eût fait un Ancien, consacrez-lui ces mots :

« En frappant, elle s'est elle-même frappée ;
Guerrière au court destin, au beau zèle imprudent,
Qui n'usa qu'une fois de sa fragile épée
Et qui perdit son droit de vivre, en la perdant. »

Frédéric Plessis.

La Couronne de Lierre (Brocard, éditeur).

Problèmes.

Pour l'installation d'un petit rucher familial, on retire un capital placé à 4 fr. 75 %. On achète 2 ruches à 125 francs l'une, avec cadres et hausses, 2 essaims d'abeilles à 100 francs l'un, on a dépensé en outre 120 francs pour la cire gaufrée des cadres et 100 francs pour l'outillage. Si chaque ruche donne annuellement une moyenne de 28 kilogrammes de miel à 12 francs le kg., Quel est le bénéfice réalisé ? (Il n'est pas tenu compte des frais d'entretien.)

Solution.

Prix d'achat total (125 fr. $\times$ 2)+(100 $\times$ 2)+120+100=670 fr.

Intérêts : $\dfrac{4 \text{ fr. } 75 \times 670}{100} = 31$ fr. 825.

Valeur du miel récolté : 12 fr. $\times$ 28 $\times$ 2=672 fr.

Bénéfice : 672 fr.—31,825=**640 fr. 175.**

Calcul mental.

Un fermier vend au marché 12 lapereaux à 5 fr. 60 l'un et 8 poulettes à 13 fr. 50 la pièce. Quelle somme recevra-t-il?

Solution.

Prix des lapereaux : (5 fr. 60 $\times$ 10)+(5 fr. 60 $\times$ 2)=67 fr. 20.

Prix des poulettes : (13 fr. 50 $\times$ 10)—(13 fr. 50 $\times$ 2)=108 fr.

Prix total : 67,20+108=**175 fr. 20.**

Lyon. — Imp. E. Vitte, 18, rue de la Quarantaine. — 8034.

www.ingramcontent.com/pod-product-compliance
Lightning Source LLC
LaVergne TN
LVHW011956160826
845678LV00002B/564

* 9 7 8 2 3 2 9 6 7 9 6 9 3 *